全国"七五"普法职工学习辅导读本

现代员工
法律意识读本

黄　沛◎编著

XIANDAI YUANGONG
FALÜ YISHI DUBEN

中国言实出版社

图书在版编目（CIP）数据

现代员工法律意识读本／黄沛编著. -- 北京：中
国言实出版社，2016.6

ISBN 978-7-5171-1923-4

Ⅰ.①现… Ⅱ.①黄… Ⅲ.①法律 – 中国 – 普及读物
Ⅳ.①D920.5

中国版本图书馆 CIP 数据核字（2016）第 132946 号

责任编辑：王蕙子
封面设计：陈国风

出版发行　中国言实出版社
　　　　　地　　址：北京市朝阳区北苑路 180 号加利大厦 5 号楼 105 室
　　　　　邮　编：100101
　　　　　编辑部：北京市海淀区北太平庄路甲 1 号
　　　　　邮　编：100088
　　　　　电　话：64924853（总编室）　64924716（发行部）
　　　　　网　址：www.zgyscbs.cn
　　　　　E - mail：zgyscbs@263.net
经　销　新华书店
印　刷　北京柯蓝博泰印务有限公司
印　刷　2016 年 6 月第 1 版　2016 年 6 月第 1 次印刷
规　格　710 毫米×1000 毫米　1/16　13 印张
字　数　190 千字
定　价　35.80 元　ISBN 978-7-5171-1923-4

法乃国之根本，企业兴旺之根本，更是每个员工得以在安定的外部环境下谋求发展之根本。

现如今随着我国法制化进程的不断加快，无论是在工作中还是生活中，依法办事的理念已经越来越深入人心。对于每个现代企业员工来说，提高法律意识，做到知法、懂法、尊法、守法已是势在必行。

首先，国民法律意识的高低是衡量一个国家、一个民族、一个社会法律文明建设的重要标准之一。员工作为国家公民，只有加强自身对法律意识的培养和提升，才能有助于我们国家更好、更快地实现建成社会主义法制化国家的重要目标。

其次，员工作为企业的一分子，法律意识的高低也直接关系到企业守法精神和法律文化建设的进程。一个只有拥有高度守法精神，全面实施法律文化建设的企业才有更好的发展前景。

最后，对于我们员工本身，法律意识的高低也决定了我们是否能够在法律的框架内完成自己的本职工作，肩负起自己的工作所赋予的责任，这也是我们在工作中创造价值，实现自身职业目标和理想的前提。

然而实际情况是，很多员工对于法律的了解尚处于初级阶段，甚至连必备的法律知识和常识都所知甚少，这与目前社会、企业和职场对现代员工必需的法律素养要求相差很远。而我们若想在工作和生活中实现自己的理想和目标，体现自己对于企业、社会的最大价值，就必须尽力去弥补这一差距。

全面提升自己的法律素养不仅仅是一项"体力活",想要让自己成为一名知法、懂法、尊法、守法的优秀员工除了要付出艰苦卓绝的努力,更要掌握其中的一些方式方法。

本书旨在通过培养员工法律意识,丰富法律知识到如何在工作、生活中做到遵纪守法,运用法律保护自身合法权益,培养高尚道德情操,为企业法律文化建设提供助力等多个方面帮助每个员工进行全方位的法律素养提升,把员工塑造成一个既知法懂法,又遵纪守法的优秀员工。

随着法治时代的到来,法律知识已经逐渐成为了每个员工必备的重要"软实力"。只有拥有高度的法律意识,员工才能够确保自己在法律准绳的指引下,在人生的每一个"岔路口"都做出最正确的选择,远离违法犯罪的歧途,让自己始终行走在通往成功的光明大道上。

目录
Contents

第三章　工作中坚守法纪，依法工作不越雷池半步

在工作中我们获得的每一个成果，业绩的每一次提升都必须建立在坚守法纪的前提之下。只有不越法律雷池的工作才能够真正体现我们员工的价值。越过了法律的"红线"，我们在职业道路上前进的步伐也将戛然而止。

第四章　严守企业规章制度，维护企业"法律"从自身做起

如果说能够让社会这部"大机器"正常运转的是法律，那么让企业这部"机器"正常运作的就是企业中的"法律"——规章制度。作为企业中的一员，我们理应从自身做起维护企业的"法律"，严守企业规章制度，保证企业的正常运作和发展。

第五章　生活中绝不违法，把自己的一切行为都放在法律之后

在生活中无论我们扮演着什么样的角色，都不能凌驾于法律之上，都不要试图挑战法律的权威。只有凡事以遵纪守法为先，把自己的一切行为都约束在法律的框架之内，我们才能够真正过上幸福美满的生活。

第六章　学会运用法律，拿起法律武器保护自己的正当权益

当我们的正当权益受到违法行为的伤害时，法律是我们唯一能够拿起的武器，也是唯一能够帮助我们把损失挽回的途径。学会运用法律的正当途径维权，是我们在维权道路上迈出的最坚实的一步。

第七章　重视道德修养，高尚的道德是自觉守法的基础

如果说法律是由人类社会建立的规则，那么道德就是由人们内心建立的"法律"。只有重视对道德修养的提升，我们才能够为自觉守法打下良好基础。一个用道德约束自己行为的优秀员工不会做出违法行为。

第八章　弘扬守法精神，积极参与共建企业法律文化

无论对于企业还是员工，企业法律文化建设程度对于各自的发展都有着至关重要的影响。从自身做起弘扬守法精神，让守法精神在企业内不断传播。加快企业法律文化建设的步伐，让员工与企业一起在遵纪守法的氛围中实现共同发展和进步。

第一章

铸牢法律意识，一切以法律为准绳

法律是社会的最高行为准则，遵守法律也是社会中每个人应尽的义务。我们员工在工作和生活中都应该铸牢法律意识，树立正确的法治观念，依法约束自己的言行，让法律成为校准我们人生轨迹最重要的准绳。

1. 遵纪守法是每个企业员工做好工作的基本前提

　　每个员工都是国家的一名公民，自然有遵守国家法律的义务，同时也是企业中的一分子，遵守企业纪律和规章制度则是我们的另一项义务。其实遵纪守法不仅仅是我们员工的义务，它同时也是我们做好工作的基本前提，只有做到遵纪守法，我们才有可能在工作中创造出辉煌的业绩，让自己在职场道路上越走越远，越走越高。

　　说遵纪守法是做好工作的基本前提，并非只是为了让我们员工遵守国家法律和企业规章制度而编纂出来的"理由"，它是经过一次次实践检验证明的。

　　（1）企业员工遵纪守法有利于保证自身健康成长。

　　法纪是成就的护栏。每一名职场成功人士在自己内心深处都有法纪来约束自己的行为，严于律己成就了他们的事业，使他们实现了自身的价值。不管在什么地方，都要按规矩做事，这样才能做好事做成事。

　　①无规矩不成方圆。

　　在职场中，责任和法纪无处不在，我们只有维护好法纪，行使好自己的职责，才能有一番成就。时时处处要负起责任，遵纪守法，哪怕工作再不起眼，职业再普通，这种法纪和责任意识都自始至终贯穿着我们工作的全过程。企业员工对国家法律法规与企业规章制度熟悉明确，并能够不计个人小利按照规定完成各项任务，国家大局利益就能得到实现。企业就是要培训合格的员工，保证企业沿着正确的道路前进。这才是企业制定规章的目的所在，也是企业领导管理的高明所在。

②国家法律和企业规章制度是员工前途的指挥棒。

一个高效的企业必须有良好的运行机制，在这样的企业里循规蹈矩服从权威的理念是深入人心的。服从上级指令遵守业内法纪，是普通的基层员工迈向成功的第一步。绝大多数管理人员都是从基层干起，从普通员工做起的。只有先懂得遵从法纪，才有可能向更高层次迈进。企业是一个规制与遵从的系统，企业员工只有首先做一名出色的遵从者才会成为一名优秀的指挥者、管理者。同理，我们作为社会中的一员，也只有遵从保证社会正常运作的法律，才能够在符合社会需要的前提下与社会实现共同进步，为社会发展不断贡献自己力量的同时也收获自己的成功。

③遵纪守法能最大限度地发挥员工的价值。

"谦受益，满招损"，一个人越是感叹自己怀才不遇，越是容易阻断展现自己才能的机会，这样的员工不是能力不强，而是眼高手低，其实他们还不如那些才能不如自己，但肯于循规蹈矩服从领导命令的人。对于员工来说，要在法纪的约束下，让自己的个性灵活地融入到国家的法纪中，才能全身心投入工作，自觉完成任务，最大限度地发挥人生价值。一个人要想在职场上获得发展、获得成功，永远立于不败之地，唯有遵守法纪，在一点一滴的工作中恪守行为准则。只有在这个前提下，才可能充分展露个人的灵感和创造力。

（2）员工遵纪守法有助于保障企业持续发展。

身为企业中的员工，只有企业发展壮大了，我们也才有更大的发展空间。每一名员工如果都能做到遵纪守法，企业就会在依法合规的轨迹上运行，就一定能承担起社会赋予的责任，这样的企业也就会做大做强。

①遵纪守法是增强企业战斗力的重要手段。

一个企业想要正常进行生产运营，需要靠严明的法纪、严厉的执法来保证。在企业中竞争是残酷的，只有严格的法纪才能使员工更好地适应企业各项规章制度。因此，对企业中的每一名员工来说，遵纪守法是最基本的要求，是做好工作的基础。企业如果缺乏法纪就难以产生强大的生产力。在日益激烈的市场竞争中，一个团队、一个企业要想成为攻无不克、战无不胜的集体，企业的每名成员都必须严格遵守法律，谁也不能凌驾于法律之上。

②违法乱纪影响企业正常生产经营。

主动遵纪守法就是主动承担其责任。员工如果能做到遵纪守法，就一定能承担起社会赋予的责任，有这样员工的企业也就会做大做强；如果企业员工缺乏遵纪守法意识，片面追求眼前效益，必将给企业造成更大的损失。企业员工遵纪守法也就是为企业负起自己的责任，这样也会给自己带来实实在在的利益。如果一名员工能够忠于自己的公司，对工作高度负责，并且具备强烈的法纪意识，那么他就很可能成为公司里举足轻重的关键人物。知规守矩的员工往往会赢得周围人的信赖并会被委以重任。

③遵纪守法保护企业生命之树常青。

违反业内规则，不遵守国家法规，企业终将走向消亡。具有三百多年历史的北京同仁堂，就以"修合无人见，存心有天知"的自律意识得到了国内外赞誉，注重遵守法纪与产品的品质传承创新确保了同仁堂金字招牌的长盛不衰。遵纪守法既能让企业按照既定的制度自转，又能保证企业在法治社会的轨道上良性公转，可以说是让企业"长寿"的秘籍。

（3）员工遵纪守法有利于保持和谐的工作生活环境。

每个员工是企业也是社会中的一员，都希望自己在一个良性发展的社会环境中生活，因此我们都需要尽自己的一份力为社会做出奉献。奉献社会是企业员工更高一层的职业追求的体现，然而要奉献社会首先就要遵守社会的规章与法则。从工作的方方面面，到生活的细枝末节，法纪的触角已经延伸到了所有领域。

①自觉做到遵纪守法是实现社会法治的基础。

现代社会是法治社会，每个公民都必须具有很强的法制意识，有必备的法律知识，自觉维护法律的权威，严格遵守各项法令、法规和企业的规章制度。法律的权威不仅仅建立在执法者的严明执法上，更体现在所有人对法律的尊重上。培养公民的法律意识，就要使越来越多的人自觉地遵守法律法规，自觉地维护法律的尊严。如果人人都能像苏格拉底那样用生命去追随自己心中神圣的法律，那么，法律的权威和尊严也就真正建立起来了。

②遵纪守法是维护社会秩序的基本保障。

在21世纪，要建设高度文明、高度民主的社会主义国家，实现伟大复兴中国梦，就必须在全社会形成"以遵纪守法为荣，以违法乱纪为耻"的社会主义道德观念。作为社会人，尤其是作为一名企业的员工，不但要善于自我约束懂得依法维权，还应该在社会公共秩序受到破坏、国家安全受到威胁的时候，见义勇为，挺身而出，坚决地与不法行为进行斗争。在当前的社会情况下，这个要求具有重要的现实意义，它能让我们的社会逐步建立起良性的法治氛围，让那些阻碍社会发展的违法行径无处遁形，从而让每个员工在更优质的社会环境中生活、工作，自然也就能够让我们更好完成工作，实现事业和生活的种种理想。

③遵纪守法能够控制纠纷解决争端。

法律的基本作用之一就是将社会的纠纷控制在一定的程度内，在一定的秩序范围内和平地解决争端，从而减少它们的危险性和危害性。每个员工都希望自己能够把最大的精力投入到事业和生活中，为自己的未来而打拼，绝不会希望自己的力量在与他人的争端和纠纷中被消耗。因此，我们就必须自觉遵守和维护法律与企业规章制度，这样才能最大限度地使用最恰当的方法最快速地解决这些争端和纠纷，从而减少精力与时间的消耗，更好地完成工作。

总的来说，不管从哪一个方面，无数事实都证明了我们员工只有遵纪守法才能更好地完成自己的工作，才能在事业上实现腾飞，进而让自己生活美满。违法乱纪绝不是实现成功的"捷径"，唯有遵纪守法才是迈出走向成功的第一步。

2. 自觉守法是杜绝违法行为的基础

我们都知道，如果在工作和生活中做出了违反法律的行为，那么必将受到法律的制裁。然而即便有法律这一具有强制执行力的手段在监督，却依旧有人会铤而走险。究其原因还是由于这些人没有能够做到自觉守法，总是报以侥幸心理想要钻法律的空子。

如果说法律是穹隆顶上的拱梁，那么唯有慢慢诞生的自觉守法风尚才能最后构成那个穹隆顶上的不可动摇的拱心石。对于我们每个员工来说，只有能够自觉守法，才能够建立杜绝违法行为的基础，消除侥幸心理，抵御得了外界的种种诱惑。

在实际工作和生活中，我们很多人之所以愿意遵守法律法规，只是因为害怕受到惩罚。然而这种对于法律强制力的恐惧却并非在任何时候都能够阻止我们的违法行为。当我们受到的诱惑太大或是我们的侥幸心理在心中占据上风时，很有可能会迈过遵守法律这最后的底线，做出违法的行为。

南京大学有一个美国留学生叫苏珊娜。寒假里，苏珊娜随她的女同学张某回老家河南农村过年。大年初一，张家准备了一桌丰盛的酒席招待苏珊娜。席上，张父特意以当地名酒款待嘉宾。张父给苏珊娜斟了满满一杯酒，可是苏珊娜只是礼貌地举杯，却滴酒不沾。

张家问其故，苏珊娜说，她的家乡在美国西雅图市。当地的法律规定，公民年满21岁才能饮酒，她今年才19岁，还未到饮酒的年龄。

张家人劝她，这里是中国，不是美国，入乡随俗嘛。再说，没有一个美国人会知道你在中国饮过酒。苏珊娜却说，虽然自己身在国外，也应该遵守美国法律。名酒的味道虽然很香，但自己会克制自己，不到法定年龄，决不饮酒。

对于我们每个员工来说，我们在工作和生活中也并非时时刻刻都受到监督。倘若我们因为无人监督就做出违法的行为，那么也必定会因为触犯法律而受到应有的惩罚。而我们只有做到自觉守法，才能无论在何时何地都坚决遵纪守法，永远不去触碰法律的底线。

之所以说自觉守法才能够让我们得以杜绝违法行为，首先是因为只有自觉守法我们才能无时无刻不以法律的准绳来约束自己的行为。我们只有做到自觉守法，守法的意识才会在我们的内心时刻被唤醒，而不是因为某些原因让我们忘记自己应该谨遵的法律底线。正所谓一失足成千古恨，在法律面前一次错误的行为足以给我们造成终生的遗憾。我们只有做到自觉守法完全杜绝违法行为，才能够说自己在遵纪守法的道路上迈出了成功的一步，让我们在今后的工作和生活中避免掉入无底的深渊。

其次，只有做到自觉守法，我们才能够在无人约束的情况下避免出现违法行为。当有人对我们的行为进行监督和约束时，相信任何人都很难做出违法的行为，就好比说我们在过马路时路边有警察，那么我们不会去闯红灯。然而在工作和生活的大部分时间里，我们身边不可能总有这样监督和约束的角色存在，而如果我们因此就出现了违法行为，同样难逃法律的制裁。只有让自己养成了自觉守法的良好习惯，我们才能在任何情况下都以守法作为约束自己行为的基本底线，让自己即便在无人监督的情况下也能避免出现违法行为。

最后，只有做到自觉守法，我们才能够体会到法律带给我们的保护与帮助，才能够让遵纪守法的精神扎根于自己的内心。如果我们只是因为害怕法律的制裁而"不得不去守法"，那么我们肯定也不能体会到法律对于我们每个人工作和生活的重要帮助，只会把法律当做"敌人"，自然也就会给"钻法律空子"的侥幸心理的滋生提供了土壤。倘若每个员工都能够做到自觉守法，在不断坚持遵纪守法的原则时体会到法律给我们工作和生活带来的保障与帮助，从心底尊重法律、维护法律、热爱法律，那么就有完全杜绝违法行为发生的可能。

真正有效的法律其实是每个员工都铭刻在心、自觉遵守的法律。大量事实证明，如果不能真正将自觉守法铭刻于心，做到观念里有法，那么即使法律条文制定得再严密，恐怕也会想方设法钻空子、找漏洞、打"擦边球"，而这些行为的最终结果只会让我们自己受到法律的严惩。

3. 敬畏法律才能自觉守法

我们已经知道只有自觉守法才能够杜绝违法行为发生在自己身上，而要想做到自觉守法可并不像说说那样容易。自觉守法是一种经过培养后形成的良好习惯，而想要培养出这种习惯我们首先就必须懂得敬畏法律。

有位哲人曾经说："有两种东西，我对它们的思考越是深沉和持久，它们在我心灵中唤起的惊奇和敬畏就越是历久弥新，它们一个是我们头上浩瀚的星空，另一个是我们心中的道德律令。"敬畏，是我们对待事物的一种态度。对法律的敬畏并非单纯的惧怕法律，也不是把法律供于神坛而顶礼膜拜，而是对法律的热爱和尊重，把法律当作信仰而尊法敬法，当作红线不可逾越，当作底线不可触碰，让我们内心深处形成对法律的一种正确价值信念。

　　一个公司接待了一位美国的客户。这位叫尼尔森的美国商人一直生活在美国。谈判结束后，公司宴请尼尔森，了解到尼尔森喜欢吃鱼，于是就点了一道清炖虹鳟鱼。

　　这道菜上来以后，尼尔森眼睛一亮，连说"谢谢"。看得出他真的很喜欢这道菜。尼尔森在公司代表的谦让之下，夹了一块鱼肉。然而，肉还没有送到嘴里，就被他放回了盘子里。他很失望地对公司代表说："很抱歉，我不能吃这条鱼了。"公司代表十分惊诧，很担心是卫生方面出了问题，引起了尼尔森的警觉。尼尔森却解释说："根据我们美国的法律规定，为了保护生态环境，不能吃有籽的母鱼。你们看，这条鱼有籽啊，我不能吃。"公司的代表忙说："没关系，这是在中国，中国没有这样的法律，你可以尽情品尝。"尼尔森却说："在哪里不重要，重要的是我是美国人，我要遵守我们的法律。"尼尔森自始至终没有吃一口鱼肉。他的行为让公司的代表对他敬畏法律的行为肃然起敬。

　　一名普普通通的美国商人，在异国他乡都能够不受主人热情的影响，如此遵守法律、敬畏法律，这是值得我们每个员工去学习的崇高守法精神。

　　我们员工在工作和生活中只有做到敬畏法律，才能够产生对法律的尊敬，从而让自己自觉遵守法律法规。我们每个人在做一件事情时，只有怀以尊敬的态度，才能够产生无论如何也要完成这件事情的态度和决心，遵纪守法也是如此。当我们秉承着对法律的敬畏时，无论在工作和生活中做什么事，就都会有意愿做到自觉守法，从而让自己不再只因为有人监督或是害怕法律的严厉惩罚而"被动守法"。

　　只有做到敬畏法律，我们才能够让法律成为约束我们行为的最有力手段。仅仅依靠法律的强制性手段所带来的威慑力让自己做到遵纪守法是有"风险"的，这已经被无数事实证明过了，否则也就不会出现违法乱纪的行为了。要想真正做到不触及法律的"红线"，我们就必须对法律产生足够的敬畏。只有这种敬畏心存在，我们才能够从内心中自觉、自愿去遵守法律，也才能够在任何情况下都不会产生违法的念头。相比于依靠法律的强制力所产生的约束力，这种发自内心的约束则显得更为可靠。

只有做到敬畏法律，我们才能够不把法律当做"敌人"，从而为实现自觉守法打下良好的心理基础。很多人之所以难以做到自觉守法，归根结底还是始终把法律当做自己的"敌人"，试想谁又会愿意对心中的"敌人"屈从呢？只有我们做到敬畏法律，才能够让遵守法律真正成为我们心中必须要坚守的一种信念，才能够消除我们对于法律的不恰当敌意，从而让自己自觉自愿遵守法律法规。

从一定意义上说，只有内心敬畏尊崇法律，才能在行为上自觉尊重和坚守法律。时下，一些"权大于法""官就是法""我就是法"的错误心态依然比较严重，导致以言代法、以权压法、徇私枉法的现象屡屡发生。对于我们每个员工来说，无论我们在什么岗位之上，在生活中扮演怎样的角色，想要增强法治意识、提高法治素养，首要的就是解决好敬畏法律的问题，发自内心的尊崇和敬仰法律。

4. 树立法治观念，任何人都不能凌驾于法律之上

我们已经心存对法律的敬畏，可以说就走好了自觉遵纪守法的第一步，而接下来我们还要走的关键一步就是在心中树立起正确的法治观念，要深刻意识到任何人都不能凌驾于法律之上，任何事都不能脱离法律的

基本要求。

如果我们仔细分析一些违法行为背后的深层原因就不难发现，很多违法行为的产生并非因为对法律的不了解和对自己行为的控制能力不够，而恰恰是知法犯法，认为自己能够凌驾于法律之上或是认为自己所做的事情能够凌驾于法律之上。这种想法是十分错误也是十分危险的，我们每个员工都应该杜绝这种心理的产生。

树立法治观念，依法办事、守法工作和生活是我们员工在遵纪守法道路上必须要迈出的核心一步。只有在心中建立起正确的法治观念，我们才能让自己无论在何种情况下，无论在做何种事情都能够严守遵纪守法的底线，杜绝任何违法行为的产生。

刘汉，1965年出生于四川广汉一个普通教师家庭。就是这样一个出身并不显赫的普通人家子弟，几十年后却成为坐拥400多亿元的"资本大鳄""矿业大亨"，还是连续三届四川省政协委员、政协常委。

此外，刘汉还积极投身公益、慈善领域。"2009胡润慈善榜"中，刘汉以2.09亿元的捐款额位列榜单第16位。

然而在这些光环背后，在拥有庞大的财富帝国的表面下，刘汉还组建了巨大的黑社会性质团伙，无视国家法律法规大肆进行违法犯罪活动，攫取巨额经济利益，严重破坏社会治安、经济和生活秩序。同时，刘汉还曾经对针对他的举报熟视无睹，并且大放厥词，说根本不需要去通过"公关"删除所谓的举报，没有法律能够对他进行制裁。

然而，最终他并没有实现自己的"豪言壮志"，无论他已经拥有了多么大的财富和权力，法律依旧给了他一记响亮的耳光，即便他拥有着无数的财富与极高的地位，却依旧难逃法律的制裁。

　　无论我们拥有多么庞大的财富，无论我们获得了怎样的社会地位，都不可能有凌驾于法律之上的能力，否则最终等待我们的只能是铁窗中的生活，甚至是一颗惩恶扬善的子弹。

　　可能对于大部分员工来说还没有拥有能够让自己膨胀到如此不知天高地厚的资本，然而如果我们不能在心中建立起正确的法治意识，那么还是很有可能因为一些主客观因素让自己错误地产生一些违法行为。打个比方来说，当我们的人身权益受到了威胁时，如果我们没有足够的法律意识，很可能认为自己保护自身权益无需严谨遵守法律，自己采取一些不恰当的暴力行为解决问题，从而导致触犯法律；或者当我们在做一些本来出发点是好的事情时，认为既然是好事就没必要去遵守国家法律，从而好心办坏事。

　　当然，要想让自己在心中铸牢不能凌驾于法律之上的法治观念，我们除了要敬畏法律外，还需要不断更正自己的认知，不断强化自己的法律意识。

　　（1）要认识到法律面前人人平等，法律不会亏待谁也不会优待谁。

　　法律是一个国家维持社会正常运转的重要手段，因此法律对于社会中的任何人都会秉承公平、平等的原则。无论我们的社会地位是高是低，在法律面前我们都是一样的。因此，我们每个员工都不能奢望法律对我们会有任何"优待"，因为这不符合国家法律的基本精神。同样，我们也无需担忧法律会"亏待"我们而"优待"另外一些人。不要被一些错误的观念所左右，认为法律是不能给我们带来公平的，从而选择一些违法行为来为自己争取权益。

　　（2）"民意"再大也不可能大过法律。

　　在工作和生活中，我们可能会发现有一些人打着"遵从民意"的幌子行违法乱纪之事；亦或确实是被周围一些不恰当"民意"所误导，从而做出了违法的行为。我们必须认识到，"民意"不管出发点是否是好的，都绝不可能大过法律，因为法律就代表着最权威、最大的民意。法律是依照社会中大部分人的需要所制定出来的，因此也就能够代表绝大部分人的利益需求和意愿。因此，对于我们每个员工来说，无论我们身边有着怎样的声音亦或我们对一些事情有着怎样的理解，都必须把遵纪守法作为前提，通过合法途径去解决工作、生活中出现的任何问题，在心中建立起强大的法治观念，不要被一些不和谐的声音所误导。

（3）要明白只有通过合法的途径才能让事情向良性方向发展。

我们每个员工在工作和生活中可能都会遇到这样那样的事情，而在解决事情的过程中也有可能因为种种内外因素而滋生一些使用违法行为解决问题的念头。然而很多事实已经证明，通过违法的方式是不可能让事情妥善解决的，只会让自己深陷更大的麻烦之中。法律是通过对无数经验进行总结从而形成的一种指导我们行为纠正我们错误的纲领，只有符合这一纲领的解决问题方法也才能够真正让事情向好的方向发展。

我们每个员工都是这社会里普普通通的一分子，也都在法律的约束和管辖范围内，无一例外。任何人都不可能凌驾于法律之上，越过法律的"红线"只能让我们受到法律的严惩。唯有在心中建立强大的法治观念，我们才能在法律的保护下守护那些我们应得的权益，争取那些我们该争取的利益。

5. 将守法当做自己毕生的信仰

要想做到自觉守法就需要敬畏法律，而敬畏法律的最高境界就是让守法成为自己的信仰，用毕生去维护它、热爱它、尊重它。只有当我们把守法上升到信仰的层次，我们也才能够真正让自己成为一名合格的守法员工，让自己在工作和生活中实现更远大的理想。

在现今社会，越来越多的人对于利益、金钱、地位产生了巨大的渴望，把追逐金钱、利益与地位当做自己的信仰，为了获得这些，无所不用其极。在这种极端思想的左右下，一些人开始尝试违法这一获取利益的"捷径"，妄图让自己能够更轻松地得到渴望已久的"成功"，然而最终却只能迎来惨痛的失败。

事实证明，任何一个真正的成功者，一定会将遵纪守法作为自己的底线，将其作为自己毕生的信仰去维护，只有能够做到这一点的人，他的成功才是长久的，才是能够为人所喝彩的。那些通过违法行为来获取成功的人，可能一时能够取得人人羡慕的成绩，然而当他的行迹败露，最终只能迎来所有人的唾弃和法律的制裁。

丁宁1982年出生，是著名的应用化学专家，高级化学工程师，计算机工程师，可以说他曾经是八零后中的佼佼者，是八零后一代成功的代表人之一。

2012年，他成立安徽钰诚融资租赁有限公司，为安徽省第一家外资融资租赁公司，为国内最大的外商系融资租赁公司之一，注册资金为全国外商系融资租赁有限公司前五位。2014年，创建互联网金融平台e租宝，平台日均交易投资额位居全国前二位，世界前三位，成为中国互联网金融的代表性知名品牌。

然而在丁宁获得了这一系列成功之后，被欲望冲昏了头脑，掉入了金钱的陷阱，对于金钱的追求似乎也成了他唯一的"信仰"。为了能够更快地攫取利益，他想到了利用自己的e租宝平台进行非法集资活动，通过编造虚假的投资信息并利用高额利息回报作为诱惑，大量吸收公众存款为自己挥霍所用。最终e租宝非法吸收公众资金的行为败露，东窗事发后"e租宝"平台实际控制人、钰诚集团董事会执行局主席丁宁，也因涉嫌集资诈骗、非法吸收公众存款、非法持有枪支罪及其他犯罪行为被逮捕。

已经一身光环，在很多人眼里是成功人士的丁宁，因为没能贯彻遵纪守法的理念，没能把这一理念当做自己的毕生信仰，最终让自己落得人人唾弃的窘境，受到了法律的严厉制裁。可见，无论我们对成功、对利益有着多么大的追求，如果不能将遵纪守法奉为准则和自己毕生的信仰，那么这些利益最终也只是镜花水月。

每个人可能都会有对利益的追逐心，这本没有错，并且能够成为我们努力工作的重要动力。然而我们在追求利益与成功的过程中，只有首先将遵纪守法当做自己的毕生信仰，才能不迷失在成功的道路上，不掉进利益的陷阱，让自己最终收获货真价实的成功。

当然，要想真正做到把遵纪守法当做自己的毕生信仰并不是容易的事情，这需要我们对遵纪守法有着执著的追求，并能够让自己在追求守法的过程中始终不渝，将这种守法精神贯彻到底。

（1）把遵纪守法当做做成一切事情的前提。

无论是工作还是生活中，当我们在做一件事情的时候，只有把遵纪守法当做首要前提，才能在每件事上都自觉约束自己的行为，并抹除那些有可能让我们产生违法行为的念头。无论我们遇到的事情有多么困难，或是我们多么期望获得一些成果，我们都应该告诉自己：只有以遵纪守法为前提，才能够真正得到自己想要的结果，如果想要通过违法来走"捷径"，那么最终只会让我们承受失败和法律带来的制裁。

（2）不找借口，不给违法念头任何空子可钻。

有些人之所以难以始终贯彻遵纪守法的原则，不能把遵纪守法当做自己的信仰，很大程度上还是由于在面对一些事情时选择给自己的违法行为找借口，为自己开脱。如果说我们想要让守法成为信仰，那么就要杜绝这种找借口的行为，告诉自己在工作和生活中的任何一件事上遵守法律都是没有商量余地的，都是必须无条件去始终贯彻的。只有这样，我们才能够始终保持心中对法律的敬畏，始终严于律己，让违法的念头无法在心中滋生，自然也就不会做出违法的行为。

（3）消除抵触心理，让自己发自内心去守法。

任何一种信仰，我们都必须对其投入热忱与真诚。很多时候我们可能会把法律当做束缚，进而对法律产生抵触情绪，这样是无法让守法成为我们的信仰的，试想谁会把一件自己都抵触的事情当做信仰呢？在工作和生活中，我们必须消除这种对于法律的抵触心理，要认识到法律是为了保护我们而存在的，绝不仅仅是为了约束我们。只有这样我们才能够体会到守法给我们带来的种种好处，发自内心热爱上守法行为，消除抵触心理，从而让守法真正成为我们愿意去维护的信仰。

我们每个员工都应该在自己一生的工作和生活中做到遵纪守法，只有这样我们才能够获得事业和生活的双丰收。把遵纪守法当做自己的毕生信仰，用自己不懈的努力和实际行动去诠释它，相信我们每个人都能真正成为一名守法好员工。

6. 正确看待法律，法律并非约束而是保护

想要让守法成为自己心中的信仰，我们就必须消除自己心中对于法律的抵触情绪，要更正自己的观念把法律看成保护而非束缚。想要做到这一点，我们就必须更正自己的认识，让自己能够客观地看待法律。

首先，我们必须让自己从更全面的角度看待法律，除了要看到法律的约束性，更要看到法律给予我们的保护。有些人之所以会对守法产生抵触情绪，就是因为仅仅片面地看到了法律对于我们的约束，而对法律给我们提供的保护视而不见。其实我们不妨想象一下，假如我们生活的社会没有法律的存在，那么违法行为将随处可见，而我们恐怕谁也不敢说在这样的情况下我们有能力不让自己受到侵害。正是有了法律，我们的社会才能够如此安定，我们也才不用每天为了自己的人身安全和利益担惊受怕。既然我们接受了法律给予的保护，那么我们就不能对它给我们带来的益处视而不见。

其次，我们要理解法律对我们进行约束的意义。法律之所以会产生，其目的还是为了保护社会中的我们，让我们的权益得到保障，让我们能够以更大的精力投入到工作和生活中，而这种保护得以实现很大程度上就是依赖于法律对每个人行为的约束。法律并非为了限制我们而约束我们，相反，恰恰是为了保护我们而约束我们。无规矩不成方圆，如果我们每个人的行为都不受到约束，那么我们也很难走上正确的道路，很难维护我们自身的权益。明白了法律对我们进行约束的意义，我们也就更能理解它，更能体会它给我们带来的益处。

最后，我们还需要明白遵守法律让我们每个人得以肩负起社会责任，让我们在肩负这一责任的过程中实现社会的发展和自身的发展。很多时候有些人之所以选择违法，就是因为他们认为法律阻碍了他们的发展。其实，倘若没有法律的约束，那么我们每个人都会为所欲为，在争斗间进行内耗，绝对谈不上发展。只有我们都能够正确地认识法律，遵守法律，我们也才能够都在正确的轨道上前行，避免了很多不必要的冲突和争端，从而让我们与整个社会一起不断发展。

当我们能够正确认识法律对于我们的意义，当我们能够看到法律给予我们的保护，当我们能够发自内心愿意受到法律的约束，我们也就为成为一名遵纪守法好员工打下了良好的基础。更正自己对法律存在的"偏见"，以最客观、最真实的态度去审视法律，我们就能够有意愿做到自觉遵守它。

7. 利益面前要清醒，"不干净"的利益绝不要

赚取利益是我们每个在职场打拼的人的根本目的之一。工作本就是为了"赚钱"这无可厚非，然而"赚钱"的方式是否合法，赚到的利益是否"干净"往往关系到了我们究竟是真的收获了回报还是掉进了金钱编织的陷阱。

在我们的工作和生活中，很多做出违法行为的人都是受到了金钱的蛊惑，在利益面前丧失了理智，为了更轻易更快地获取利益铤而走险。这些"不干净"的利益最终也让他们害了自己，非但没能因此而让自己获得更好的生活，反而彻底毁了自己。

我们每个员工在利益面前都应该保持清醒的头脑，把那些"不干净"的利益看成是祸害，敬而远之。只有这样，我们才能够抵御这些不义之财对我们的蛊惑，才能让自己经受住考验，不让自己在利益面前堕落，避免自己因此而触犯法律的底线。

小高大专毕业以后，短短几年内换了十几家单位。

父母打电话劝他踏实些，别总是跳槽。小高却振振有辞：我总要找一份适合自己的工作吧，再说我还年轻呢，年轻就是资本！

父母没办法，就打算用"断粮"的方式教训他——小高刚毕业找工作那阵，因为工资低，不到半个月就把工资花光了，家里就定期汇钱来接济他。现在父母断了他的"粮"，小高急得

就像热锅上的蚂蚁。最近他和朋友热衷去 KTV 唱歌，再加上平时和朋友喝酒应酬，兜里马上要捉襟见肘了。一分钱憋死英雄汉，他可不想在朋友面前丢脸难堪。

小高现在一家公司跑销售，每天都要经手上万元的货款，于是他开始琢磨怎么在货款上做些手脚。那天从外面回来的途中，他在账单上神不知鬼不觉地改动了一下，轻轻松松几十块到手，货款上交后，会计也没找他。

后来的一天，老板召集业务人员开会，在会上语重心长说了一句话："我希望你们踏踏实实工作，不要为了一点利益毁掉自己，你们做了什么我都清楚。你们很年轻，要想成就事业，首先要学会做人……"

小高的心猛地缩了一下：难道，我在账上做手脚的事被老板发现了？

后来的几天他收敛了些，提心吊胆地过了一段时间，他发现老板并没察觉什么，于是故态复萌，又开始做假账。小高觉得不能在一家公司长干下去。如果长干下去自己的行为肯定会暴露，到那时让老板撵走，再找工作就不好找了。就在他频繁地换了很多家公司，准备找一家大公司长期干下去的时候，却发现投出去的简历没一家给他回复的，而且他在网上发的找工作帖子，也没一个人给他打电话。他很诧异，以前只要他想跳槽了，随便在网上发个找工作的帖子，或是给某家私企投份简历，多数会得到答复。

就在他心灰意冷准备继续在原单位凑合下去的时候，领导告诉他，他被解聘了，同时他也接到了法院的传票，公司以侵吞公司财产对他进行了控告。

领导说："你在这里工作，还在网上发帖子找工作，我们公司不欢迎这样的员工。另外，你自己做的事自己清楚，公司已经给了你几次机会，可是你没把握好，既然公司无法帮助你迷途知返，那么只能靠法律来教会你做人了。"

我们每个人都会追逐金钱和利益，因为它确实能够改变我们的生活。不过，我们必须在利益面前保持清醒的头脑，只去追求那些"干净"的利益，在追求利益的过程中要以遵纪守法为先决条件。君子爱财取之有道，只有把遵纪守法作为前提，在利益的诱惑面前毫不动摇，我们才能真正获得利益，而不是自作自受。

当然，要想在利益面前保持清醒的头脑并不是那样简单，要想让自己遵纪守法的底线不那么轻易被金钱所收买，我们就必须做到以下几点：

（1）分清哪些利益是我们可以获取的，哪些利益是"不干净"的。

可能有些员工会说，"不干净"的利益就是通过违法行为而获取的利益，这很容易判断。其实仅仅如此判断还是片面的。有些时候这些"不干净"的利益还包括那些看起来太过轻易就能得到的利益。很多时候，当我们遇到唾手可得的利益时，一定要清醒意识到：没有天上掉馅饼的事情。当我们获取了这种利益后，它背后很有可能还有着巨大的陷阱，导致我们不得不因此而被"操控"，从而被迫做出一些后续的违法行为。

除此之外，还有一些"不干净"的利益是经过伪装的，它会伪装成一个恰巧到来的"机会"。我们在获取这些利益的时候可能确实需要自己付出努力，在获取利益的过程中也确实没有违法行为，然而我们可能忽略了，在我们得到这个机会的途径也许本身就不合法。并非说只要获取利益的过程中我们没有违法行为，那么我们获得的利益就是正当的。如果我们通过违法的方式获取了一些本不该得到的机会，那么利用这些机会而获得的利益同样也不可能"干净"。

（2）要明确我们心中获取利益的目的，时刻提醒自己获得利益是为了更好生活。

我们每个员工追求利益的最初目的一定是希望自己能够通过获得的利益而改变人生，让自己的未来更加美好。而我们作为一个成年人也都深知，通过违法行为获得的利益是不可能长久的，也不可能给我们带来正面的影响，只会让我们最终受到法律的惩罚，这就违背了我们的初衷。有些时候，有的人之所以为了利益而做出违法行为，是在追求利益的过程中已经迷失了自己，忘记了自己的初衷。只要我们始终在心中提醒自己，我们获取利益是为了让自己生活得更好，而非法所得只能让我们受到法律的制裁，这与我们的目的是相违背的，因此那些"不干净"的利益也是绝对不能碰的。

（3）要认识到自己身上有着许多比金钱更有价值的东西，不做舍本逐末之事。

随着市场经济的不断发展，我们越来越多的人掉进了"钱眼"里，总是认为利益才是人生中最重要最宝贵的东西。其实这种想法是错误的。要让自己抛开对利益的盲目追求，不要被金钱蒙住双眼而看不到人生中其他美好的东西。当我们冷静地审视自己时就会发现，我们身上诸多优秀的品质，我们身边的朋友，我们为之骄傲的事业，乃至我们的自由都比金钱珍贵太多。当我们看到生命中这些重要的东西时，就不会将利益的地位在心中过分放大，自然也就不会去追求那些"不干净"的利益。

我们每个人在自己的一生中都会追逐一个又一个的利益，而在一次次对利益的追逐过程中我们最需要做到的就是保持清醒。对于那些本可属于我们的正当利益，我们没有理由放弃；对于那些"不干净"的利益，我们要视之为虎狼以避之。只有这样我们才能够在利益面前保持自我，才能不因利益而忘却遵纪守法，才能真正在追求利益的过程中收获更加美好的未来。

8. 让守法意识贯穿自己的一生

我们都知道，无论是在工作还是生活中，法律都是我们不能逾越的"红线"，一旦触及了这条底线哪怕只有一次，无论我们曾经做得多好都没有了意义，等待我们的只能是法律的制裁。因此，我们唯有将守法意识贯彻到自己的整个生命当中，让自己一生都以遵纪守法来约束自己的行为，我们才算是真正做到了守法，而我们为遵纪守法而付出的种种努力也才真正具有意义。

正所谓一失足成千古恨，在法律面前我们没有第二次机会，有些人可能在人生的大部分时间里都坚持着遵纪守法的信念，只是一时疏忽却让自己的坚守付之东流。对于我们每个员工来说，谁也不希望这样的悲剧发生在自己身上，因此我们就必须将守法意识贯彻到自己的一生。

有句话说得好，一件事做好一次不难，难的是做好一辈子。让自己坚持一段时间遵纪守法并不是什么难事，可是如果想要让守法意识贯穿自己的一生并不像说起来那样简单，这需要我们在日常工作和生活中通过多方面的努力去实现。

（1）从小事和细节做起，从小事上强化自身守法意识。

在我们的工作和生活中，可能能够对我们产生巨大影响的大事件并不常见，最多的还是那些看似无关紧要的琐事。然而正是在这些琐事和细节上，我们能够做到遵纪守法，那么就能够通过这一次次守法行为来强化自己的守法意识，让这种意识成为一种"条件反射"，让它贯彻我们的一生。例如，在一个车流稀疏的路口前，我们依旧能够遵守交通规则；在一处无人的公共场所中，我们依旧能够谨遵墙上禁止吸烟的告示。

（2）做到遵纪守法不"破例"。

有些时候我们之所以难以让守法意识贯穿自己的一生，就是由于我们在工作和生活中太多次的"破例"，去纵容或说服自己在某些事情上采取违法的行为。也许偶尔一两次的轻微违法行为并不会让我们受到什么实质性的惩罚，然而却会让我们形成一种"钻空子"的心理。要相信有第一次就会有第二次，严重的违法行为都是从最开始最不起眼的轻微违法行为逐渐演变而成的。只有我们坚守遵纪守法的底线，不给自己任何"破例"的机会，我们才能够在一次次坚守中让守法意识在心中巩固，贯穿我们的一生。

（3）积极参加法制教育活动，时常给自己提个醒。

之所以说让守法意识贯穿一生并不是一件容易的事情，很大程度上是由于我们在长时间坚持做一件事情时难免会产生懈怠和疏忽。对于遵纪守法来说，哪怕仅仅一次的懈怠和疏忽都有可能让我们长期的努力付之东流。因此，我们就需要经常通过参加法制教育活动给自己提个醒，让自己不要忘记遵纪守法对我们的重要意义，强化自己的法律意识，让我们在最容易懈怠的时候重新警醒起来。

在守法这件事情上我们没有第二次机会，一次错误足以造成难以弥补的后果，也将让我们之前在遵纪守法上付出的所有努力化为灰烬。只有将守法意识贯穿一生，我们才能够始终做到遵纪守法，这让我们对守法的长期坚守最终有所收获。

第二章

主动学习法律知识，知法懂法才能守法用法

　　在法治社会中，"无知者无罪"的理念早已不再适用。要想让自己做到尊法、守法、用法，我们每个员工就必须让自己知法、懂法。主动学习法律知识，让自己对法律具备全面、深入的了解，才能最大程度上避免因为自己的无知而违法。

1.积极参加普法教育

　　无论是从社会还是企业的发展的角度，还是从我们员工自身发展的需求来说，拥有法律意识都是必不可少的。要想能够做到遵纪守法，增强自身的法律意识，那么知法、懂法就是第一步。只有对各种与自己息息相关的法律有全面深入的了解，我们才能够真正做到遵守法律增强法律意识。

　　不过在实际的工作和生活中，如果要我们员工去自学各种法律知识，难免会有一定的困难也会觉得有些枯燥难以坚持，毕竟法律是一门深奥的学科，要想通过自学学透、学懂、学出趣味性是很难的。其实除了自学法律知识，我们也可以积极去参加普法教育，同样能够丰富自己的法律知识，提升自己的法律意识。

　　之所以说积极参与普法教育更有利于提升我们的法律意识，主要是因为它是一种更加"亲民"的法律知识学习途径，更加适合我们这种并非专业法律人士的普通员工。

　　（1）通过普法教育学习法律知识的优势。

　　首先，参加普法教育学习法律知识能够让比我们更懂得法律的老师带着我们去学习对于普通人来说比较有难度的法律知识，可以给我们提供更好的学习方法，也能够无需自己进行总结从而直接获得对我们最有用的法律知识。法律是一门复杂的学科，它的学习需要掌握一定系统的方法；同时，法律知识有许多不同的领域，并非每项法律都与我们员工息息相关。因此，通过普法教育学习法律知识就能够让我们省去自己总结系统方法和筛选知识这一繁琐的过程，从而让法律知识的获取更加直接、简便。

其次，普法教育让法律学习的过程更加生动有趣。对于日常工作较为繁重，生活琐事重重的员工来说，本就已经倍感枯燥，倘若还需要面对书本里那些死板的法律条文，难免会失去坚持学习法律知识的动力。普法教育通常是通过案例、多媒体展示等生动的手段，用更加生活化的语言向我们传达法律知识的内容，让我们在学习法律知识的过程中能够体会到趣味，从而增加学习的动力。

最后，积极参加普法教育还能够让我们浸染在遵纪守法的法治氛围里，这让我们更容易在群体效应的带领下严格自律。如果我们仅仅是自己学习法律知识，身边难免会缺少一些法治氛围，自然也就很有可能提不起劲。如果是与他人一起参与到普法教育中，周围每个人对于学习法律知识和遵纪守法的愿望就会形成强大的法治氛围，让自己不自觉地坚定信心，学好法律知识，做到遵纪守法。

如果有的员工还没有行动起来去积极参加普法教育活动，那么不妨从现在起去尝试一下，相信我们一定可以从这种轻松愉快的法律知识学习活动中受益匪浅。当然，有意愿参加普法教育还不足以让我们切实得到法律知识上的提升，在参加普法教育的过程中我们还必须掌握一定的方法。

（2）让普法教育达到最好效果的关键方法。

①再生动的课堂也需要我们严肃的学习态度。

在我们通过参加普法教育获得法律知识时，我们往往能够感受到生动、有趣的学习过程，这无疑增强了我们参加法律知识学习的意愿，但同时也有可能让我们难以保持严肃的学习态度。很多员工在参加普法教育时，总是怀揣着"凑凑热闹"的心态，只是觉得好玩而去参加，这种态度无法让我们真正获得法律知识的提升。只有以严谨的态度对待普法教育，我们才能真正投身其中，用心去学习法律知识。

②养成做笔记的好习惯，好记性不如烂笔头。

我们已经说到了参加普法教育也需要严肃的学习态度，那么就不得不说一个重要的学习方法——记笔记。可能对于我们大部分员工来说，在课堂上记笔记已经是遥远的过去了，早就被我们淡忘。但是如果我们希望通过普法教育真正获得法律知识而非浪费时间，那么就一定要重新养成记笔记的好习惯。法律知识有其严谨性，容不得一字的错误；同时很多法律知识并不是很容易记忆，更容易出现混淆。因此，只有通过记笔记的方式才能让我们不断温习并确保自己获得的法律知识没有任何错误，从而真正提升自己的法律意识。

③把普法教育中学到的法律知识与自己的实际工作和生活结合起来。

学习法律知识说到底还是为了增强我们实际工作和生活中的法律意识，让我们知法、懂法更会用法。因此，当我们在参加普法教育的过程中学到一个新的法律知识时，就可以与我们曾经的工作、生活经历中遇到与这项知识相关的事情相联系，得出它在实际事件上的具体应用方法。接下来我们就要在今后的工作和生活中在处理相应事情时去应用这些法律知识，这样才能够让我们学到的法律知识真正具有意义。

普法教育是我们员工获得法律知识最普遍也是最有效的途径之一，我们都应该积极参与到其中，投入到其中。在法律知识的学习过程中，如果能让自己拥有一个"老师"，带领自己去学习，无疑对我们的学习过程大有帮助，普法教育就是一个称职的"老师"。

2. 主动学习自己的职业法律

我们每个员工都身处不同的工作岗位，工作性质的差异也让我们所需要的法律知识不尽相同。除了那些具有普遍适用性的法律，例如宪法、刑法、劳动法等法律法规，我们也需要学习自己本职业、本岗位所需要的针对性法律法规。

无论我们在哪个岗位上，都会涉及对相关岗位工作行为进行规范的法律法规，而这些法律法规可以说是与我们员工日常工作关系最为密切，使用频率最高，并且必须要遵循的。如果我们不去了解自己职业和岗位的针对性法律，那么难免就会在工作中因为不懂法而犯法，让自己追悔莫及。

当然，由于每个职业的职业法律都有其特性，因此我们员工必须要根据自己的职业岗位去做有针对性的学习，像通过参加普法教育这种集体形式的法律知识学习途径可能就不再适用了。不过我们依旧可以通过其他一些途径来获取自己职业的相关法律进行学习，让自己对自身职业的法律知识有充分、全面了解，在岗位工作的过程中依照这些知识做到遵纪守法。

（1）获取职业法律的途径和方法。

①认真阅读学习岗位手册。

一般来说，企业都会对员工发放岗位手册，传达给员工相关岗位的工作要求和企业规章、法律法规。很多员工可能认为这只是一个"形式"，发到手的手册也很快就不知道丢弃在哪里了。可不要小看这本岗位手册，它往往是我们了解自己职业法律的第一手资料。它通常是统一印制，因此具有最高的准确性和权威性，能够保证我们了解到的职业法律是与我们岗位工作息息相关的。

②通过自己的工作领域检索相关法律知识。

现如今获取知识的途径已经越来越多，无论是通过网络还是前往图书馆等资料汇集地，我们都能够找到大量与自己职业相关的法律知识。无论是在图书馆还是在网络上，我们可以以自己的岗位或是职业领域关键字进行检索，例如我们从事食品生产行业一线岗位，那么我们只需检索"食品生产相关法律"，那么我们所需的职业法律通常就能够找到。不过在获得这些法律知识资料时我们要注意一点，就是只留下那些由国家印发的权威性资料，对于一些无法确定其准确性的法律资料则不应轻易采信。

③向企业法律服务人员进行咨询。

现如今很多企业都十分重视员工法律意识的培养，在企业中往往有专门从事法律普及工作的人员。我们在通过尝试却没有成功获取自己的职业法律知识相关资料的时候，不妨去问问这些专业人士。有时候由于我们员工本身对于法律知识和法律体系的认识并不全面，可能在搜索自己职业法律知识的过程中存在方法上的错误。咨询专业人士就能够纠正这些错误，并且让我们更快、更准确地学习到与自己岗位相关的职业法律。

如果我们已经找到了自己岗位适用的职业法律，接下来我们就需要进行细致、全面的学习。相比于通过普法教育学习法律知识，学习职业法律通常需要依靠自己的学习能力，这就要求我们掌握一些自学职业法律必备的学习方法。

（2）自学职业法律的关键方法。

①先整体学习，再细致分析。

在学习与自己岗位相关的职业法律时，最适宜的方法就是先整体粗略地对自己从事的职业领域的相关法律有全面了解，接下来再针对自己的岗位进行细致分析，与自己关系最密切的法律进行深入学习。一般来说，一个职业领域所涉及的法律十分多，如果全部学习我们大部分员工在时间和精力上都无法做到。因此在学习职业法律时，我们需要先对这些法律有全面大致的了解，然后把那些真正与我们目前工作息息相关的部分归纳总结出来。进而对这些经过筛选的法律知识进行深入学习和记忆。

②弄不懂的法律知识要寻求专业解答，不要自己揣测。

不管什么法律都有其严谨性，每一个法律知识也都有唯一解释，绝不会出现模棱两可的法律。因此，当我们在学习职业法律的过程中遇到问题和弄不懂的地方时，不要自己进行揣测，这很有可能让我们对职业法律中的某些部分产生误解，从而在工作中给自己带来非主观违法的隐患。当我们遇到不能理解的法律知识时，一定要寻求专业法律人士的解答，通常咨询企业内专门负责法律知识普及的人员即可。我们也可以通过官方政府网站或电话进行询问，往往能够得到权威的解答。

③理解法律知识背后的意义有助于我们记忆这些法律知识。

有些员工可能在学习与自己相关的职业法律的时候只是盲目地去一个字一个字地背条文与规定，这样做往往很难让我们准确记忆这些法律知识。无论是哪个领域的职业法律，其内容中都有许多字面相似但是意义完全不同的知识，并且在法律中没有任何一条规定中的任何一个字是可以替代的。如果只是死记硬背，难度可想而知。我们不妨先去了解这些法律知识背后的意义，明白与我们相关的每条职业法律究竟为何而制定，为了达到怎样的效果。这样往往能够让我们牢记这些学到的职业法律，并且不容易在应用这些法律时出现错误。

对于我们每个员工来说，学好与自己职业和岗位相关的职业法律都是在为我们将来的工作保驾护航。想要真正在自己的职业道路上越走越远，最终实现成功，我们就必须走在遵纪守法的道路上。掌握科学的学习方法有助于我们更好地完成对自己职业法律的理解，让自己在岗位上做出的每一个行为，在职业生涯上走出的每一步都不偏离正确的"轨道"。

3. 认真学习宪法，了解我国基本法律构架

我们已经知道，作为一名员工学习自己岗位和职业相关的职业法律是十分重要的。不过，在根据自身工作需要学习职业法律的同时，我们

也不应当忘记了解和学习最基础的法律——宪法。

宪法是一个国家的根本大法，适用于国家全体公民，是特定社会政治经济和思想文化条件综合作用的产物，集中反映各种政治力量的实际对比关系，确认革命胜利成果和现实的民主政治，规定国家的根本任务和根本制度，即社会制度、国家制度的原则和国家政权的组织以及公民的基本权利义务等内容。因此可以说宪法是法律中的法律，是掌握一切其他法律的基础，是我们必须要认真学习的。

可能有些员工会感觉宪法在实际工作中并没有什么具体的应用，其实那是因为宪法作为根本大法，其作用并不是显性的，然而学习它确实对我们掌握其他一些与实际联系更紧密的法律有着重要的帮助。

（1）学习宪法对于掌握其他法律的作用。

①宪法向我们传达了我国法律的根本精神。

在宪法中有着许多对我国法律精神进行规范的内容，它告诉了我们每种法律在制定和执行时所遵循的基本精神。法律精神可以说是每一项法律的灵魂，如果我们对法律精神能够有更深刻的理解，那么对于我们理解种种法律条文的意义有着重要作用，也有助于我们更好地学习、执行各项法律规定。无论是哪种法律，哪条法律规定，它一定都是符合宪法中所弘扬的法律精神的，而这种精神也将各种不同的法律联系到一起。掌握了法律精神，我们员工也就掌握了种种法律条文之间的联系，在学习法律的过程中就能够通过这种联系举一反三，让学习过程更顺畅。

②学习宪法能够让我们了解国家的法律运行机制。

对于我们每个员工来说，学习法律知识不仅仅是学习各种法律条文，更要了解我们国家的法律运行机制。只有了解法律运行的基本机制，我们才能够将学到的法律知识应用到实践，才能够加深对一些法律规章制度的理解。例如，宪法中规定了我国法律制定的流程与方法，规定了法律执行的基本要求和原则等。在学习宪法的过程中，我们能够通过这些内容对我国法律的运行机制有深入的了解，从而明白法律究竟是通过何种方式来维持社会的稳定运行，而我们又该在使用法律时遵循怎样的规则。

③学习宪法让我们掌握许多重要的法律基础知识。

如果我们在学习法律知识的过程中仅仅是学习一些具体的法律法规，那么我们就会发现自己在实际应用的过程中会遇到很大的困难，因为我们根本不了解很多重要的法律基础知识，例如国家权力机关的职责和管辖范围，国家司法机关在处理违法事件的基本程序等。我们只有通过学习宪法了解到一些重要的法律应用基础知识，才能够真正把我们所学到的法律知识在实际中进行应用，才能够真正做到用法律知识武装自己，帮助自己更好地处理工作和生活中的各种事情。

既然我们已经知道学习宪法对于掌握全面、深刻的法律知识有着重要的作用，相信我们每个员工都会自觉认真学习宪法。与学习其他法律一样，在宪法学习的过程中我们也需要注意学习方法的掌握，只有这样我们才能够正确掌握宪法这一国家根本大法的核心内容，让它帮助我们更好地完成对其他法律知识的学习和实践。

（2）学习宪法过程中的重要方法。

①在宪法学习过程中要做到无遗漏地全面掌握。

宪法既然是根本大法，能够给我们提供最基本的法律知识，是我们学习其他法律的基础和前提。那么我们在进行宪法学习时就应该做到毫无遗漏地全面掌握宪法中的每一条法律规定，每一个法律知识点。与其他法律不同，宪法中的每一个细节对于我们来说都是有意义、有作用的，都是与我们在工作和生活中掌握全面法律知识，做到遵纪守法息息相关的。因此在学习宪法时，我们就不能像学习其他法律知识那样，根据自己的工作和生活经验选择性地进行学习，而是应该进行全面掌握。

②学习宪法也要与实践相结合。

可能有些员工在学习宪法时，认为宪法相比于其他法律更加宏观和抽象，因此就忽略了与实践相结合，或者根本认为它不具有实践意义。这种想法是有误区的，会给我们学习宪法带来困难。无论哪种法律，其根本目的都是规范和指导实践行为，宪法也不例外。只是把学习宪法与实践结合的方法可能与学习其他法律略有不同，毕竟宪法中很多内容可能并不能直接与我们的工作和生活联系到一起。不过，宪法作为根本大法，它与其他法律之间的联系是十分紧密的。因此我们在结合实践的过程中，可以通过对其他一些法律法规的深入思考找到宪法与其之间存在的联系，从而找到宪法与实际工作和生活之间的联系点，从而将学到的宪法知识与实践结合起来。

③不要忽略宪法中与自己看似"无关"的内容。

在学习宪法时，有些员工可能更看重对于公民权利义务，司法机关管辖范围和法律流程等与自己关系更加密切内容的学习，而忽略了一些看似离我们比较遥远的内容，例如法律制定的规则，国家权力机关的运行和规范等。千万不要认为宪法中的这些内容离我们太远，自己根本不可能涉及到而忽略对它们的学习。这些知识是让我们全面了解我国法律，掌握法律学习基础的重要途径。倘若我们连自己国家究竟是如何运作的，自己国家法律究竟是怎样制定出来的都不知道，又何谈学好法律知识做到遵纪守法。

我们国家的各种法律都是依照宪法的规定进行制定、出台和修订的，而宪法作为法律也需要这一过程，那么宪法究竟是如何制定、出台和修订的呢？

（一）制定宪法

1. 制宪权与制宪主体

制宪权，即宪法制定权，是制宪主体按照一定原则创造作为国家根本法的宪法的一种权力。

由于制宪是一种主权行为，所以制宪主体应该是国家主权的所有者。近代以来的宪法历史表明：人民是制宪主体，但人民并不直接行使制宪权，而是通过或主要通过间接民主的形式制定宪法。

2. 制宪机关

人民作为制宪主体总是通过特定的机构进行制定宪法的工

作，这种为了宪法的制定专门成立的机关就是制宪机关。我国1954年制定宪法的时候，成立了一个以毛泽东为主席的宪法起草委员会。

中华人民共和国的成立标志着以中国共产党为代表的中国人民事实上成为我国的制宪主体。1954年9月20日中华人民共和国第一届全国人民代表大会第一次全体会议通过了《中华人民共和国宪法》，它标志着第一届全国人民代表大会第一次全体会议是我国的制宪机关。

3.制宪程序

制宪程序是指制宪机关制定宪法时所经过的阶段和具体步骤。由于宪法是国家的根本法，为了保证制宪工作的权威性和严肃性，制定宪法一般包括如下程序：

（1）组织制宪机关，设立宪法起草机构。

（2）提出或公布宪法草案。

（3）讨论、审议并完善宪法草案。

（4）通过或批准宪法。

（5）颁布宪法及其生效的日期。

（二）修改宪法

宪法修改是指在宪法实施过程中，随着社会现实的变化发展，出现宪法的内容与社会现实不相适应的时候，由有权机关依照宪法规定的程序删除、增加或变更宪法内容的行为。

1.宪法修改的方式

宪法修改应该采取何种方式，各国宪法规定不一，有些国家的宪法甚至没有规定。从各国宪法规定和各国宪政实践看，宪法修改大体上有以下几种方式：

（1）全面修改。全面修改亦即对宪法全文进行修改，以新宪法取代旧宪法。如1946年日本宪法、1958年法兰西第五共和国宪法和我国1975年宪法、1978年宪法、1982年宪法等，都属于全面修改。

（2）部分修改。部分修改亦即对宪法原有的部分条款加以改变，或者新增若干条款，而不牵动其他条款和整个宪法的修改方式。

（3）无形修改。无形修改亦即在形式上没有对宪法条文内容进行修改，但在实际上却变更了其含义的修改方式。在我国，宪法的无形修改主要表现在，随着社会政治、经济、文化等各方面情况的变化发展，党和国家的某些政策及时适应这种变化了的情况，而宪法的有关条文却还并无改变。

2. 宪法修改的程序

从各国宪法规定和宪政实践看，宪法修改程序一般包括提案、先决投票、起草和公布修宪草案、通过和公布五个阶段，但并非所有国家都必经这些程序。

（1）提案。

（2）先决投票。

（3）起草和公布修宪草案的程序。

（4）宪法修正案的通过程序。

（5）宪法修正案的公布程序。

宪法是我国的根本大法，是法律中的法律。我们每个员工要想学好法律知识，做到遵纪守法，学习宪法都是前提和基础，都是我们不能忽略的步骤。认真学习宪法，通过对宪法内容的领悟，接受宪法中对法律精神的传达，我们将在学习法律知识做到遵纪守法的道路上走得更好，让自己真正成为守法好员工。

4. 掌握民法，了解自己的义务和权利

在日常工作和生活中，与我们关系最密切应用最为广泛的法律莫过于民法。民法全称中华人民共和国民法通则，是中国对民事活动中一些共同性问题所作的法律规定，是民法体系中的一般法。

在我们的社会生活中人与人之间必然会结成各种各样的社会关系，这些社会关系受各种不同的规范调整，而民法就是从法律上对这种社会关系进行约束和规范的。无论是在工作还是生活中，任何与他人产生关联的行为都属于民法的管辖范围，它对于我们工作和生活中的基本义务与权利进行了规定，我们每个员工都应当认真去学习它，以了解自己作为公民所拥有的义务、权利，以便我们更好地做到遵纪守法，并能够利用法律的武器保护自己应有的权益。

（1）民事权利。

民事权利是民法赋予民事主体实现其利益所得实施行为的界限。权利在本质上是行为的限度，民事权利是权利人意思自由的范围，在此范围内，有充分的自由，可实施任何行为，法律对此给予充分的保障。反之，行为超出法律划定的界限，不仅得不到保障，反而要被追究责任。权利的具体作用样态，谓之权能；法律所确认的当事人的意思作用范围，谓之权限。权能、权限是与民事权利相邻近的概念。

①民事权利的类型。

财产权、人身权。这是依民事权利的客体所体现的利益为标准而作的划分。

人身权是以人身之要素为客体的权利。人身权所体现的利益与人的

尊严和人际的血缘联系有关，故人身权与其主体不可分离。人身权可以进一步划分为人格权和身份权。

财产权是以具有经济价值的利益为客体的权利。财产权与人身权不同，财产权可以予以经济评价，并可转让。以权利的效力和内容为标准，财产权还可以进一步划分为物权、债权和继承权。物权是支配物并具有排他性效力的财产权；债权是得请求债务人为特定行为的财产权。知识产权是以受保护的智慧成果为客体的权利；继承权是按遗嘱或法律的直接规定承受被继承人遗产的权利。

支配权、请求权、形成权、抗辩权，这是依民事权利的效力特点为标准而作的划分。

支配权是对权利客体进行直接的排他性支配并享受其利益的权利。支配权的行使无需其他人积极义务的配合，只要容忍、不行使同样的支配行为即可。人身权、物权、知识产权和财产权等属于支配权。

请求权是特定人请求特定他人为一定行为或不为一定行为的权利。请求权人对权利客体不能直接支配，其权利的实现有赖于义务人的协助，没有排他效力。债权是典型的请求权，物权、人身权、知识产权虽为支配权，但在受侵害时，需以请求权作为救济，故请求权在民事权利中的地位殊为重要。

形成权是依权利人单方意思表示就能使权利发生、变更或者消灭的权利。形成权的独特性在于只要有权利人一方的意思表示就足以使权利发生法律效力。撤销权、解除权、追认权、抵销权等都属于形成权。

抗辩权是能够阻止请求权效力的权利。抗辩权主要是针对请求权的，通过行使抗辩权，一方面可以阻止请求权效力，另一方面可以使权利人能够拒绝向相对人履行义务。合同中的同时履行抗辩权、不安抗辩权、先诉抗辩权等皆属于抗辩权。

绝对权与相对权。这是依民事权利的效力所及相对人的范围为标准而划分的。

绝对权是权利效力所及相对人为不特定人的权利。绝对权的义务人是权利人之外的一切人，故又称"对世权"。物权、人身权等均属绝对权。

相对权是权利效力所及相对人仅为特定人的权利。相对权的效力仅仅及于特定的义务人，故又称"对人权"。债权就是典型的相对权。

主权利与从权利、原权利与救济权。这是在相互关联的民事权利中，依各权利的地位划分的。

主权利是不依赖其他权利为条件而能够独立存在的权利，从权利则是以主权利的存在为前提而存在的权利。在担保中，被担保的债权为主权利，而担保权则是从权利。

在基础权利受到侵害时，援助基础权利的权利为救济权，而基础权利则为原权。民法上有所谓"无救济则无权利"之说，救济权是原权的保障，否则权利就难以实现。

专属权与非专属权。这是按民事权利与权利人的联系而划分的。

专属权是指专属于特定的民事主体的权利，人格权、身份权等均属于专属权，该权利与主体不能分离，不得转让、继承。非专属权指可以转让、继承的权利，物权、债权等财产权均属于非专属权。

既得权与期待权。这是按权利是否现实取得而划分的。

既得权是指已经取得并能享受其利益的权利，期待权是指因法律要件未充分具备而尚未取得的权利。如被继承人没有死亡，继承人的继承权就属于期待权。

②民事权利的救济。

无救济则无权利，民法对民事权利的保护，主要体现在救济制度上，即赋予当事人救济权，许可当事人在某些场合依靠自身力量实施自力救济，更着重于为权利人提供公力救济。

民事权利的公力救济。公力救济是权利人通过行使诉权，诉请法院依民事诉讼和强制执行程序保护自己权利的措施。在现代文明社会中，公力救济是保护民事权利的主要手段，在能够援用公力救济保护民事权利的场合，则排除适用自力救济。

民事权利的自力救济。自力救济是权利人依靠自己的力量强制他人捍卫自己权利的行为，包括自卫行为和自助行为。前者如紧急避险和正当防卫等，后者如公共汽车售票员扣留逃票的乘客等。由于自力救济易演变为侵权行为，故只有在来不及援用公力救济而权利正有被侵犯的现实危险时，才允许被例外使用，以弥补公力救济的不足。

（2）民事义务。

民事义务是当事人为实现他方的权利而受行为限制的界限。义务是约束的依据，权利则是自由的依据。民事权利体现为利益，民事义务则体现为不利益。对民事权利，当事人既可行使，也可抛弃；对民事义务，因其有法律的强制力，义务人必须履行，若过失而不履行时，要承担由此而生的民事责任。

民事义务依不同标准可划分为各种类型。

法定义务与约定义务。以义务产生的原因分，义务可分为法定义务和约定义务。法定义务是直接由民法规范规定的义务，如对物权的不作为义务、对父母的赡养义务等。约定义务是按当事人意思确定的义务，如合同义务等，约定义务以不违反法律的强制性规定为界限，否则法律不予承认。

积极义务与消极义务。以行为方式为标准，义务可分为积极义务与消极义务。以作为的方式履行的义务为积极义务，以不作为方式实施的义务为消极义务。

基本义务与附随义务。在合同中，基于诚实信用原则还有附随义务，这是依债的发展情形所发生的义务，如照顾义务、通知义务、协助义务等。

（3）民事责任。

在民法中除了规定了民事义务与民事权利外，同时还对不履行义务和侵犯他人权利的行为做出了相应规定，即民事责任。民事责任是违反约定或者法定义务所产生的法律效果，狭义的民事责任，即是民事义务，广义的民事责任还包括使用强制执行的公力救济。

①民事责任的特点。

民事责任有如下特征：

民事责任是不履行义务的法律后果。在行为规范中，应当实施的行为，属于义务而非责任，只有当事人不法地不履行义务时，方发生责任。因此，责任存在于裁判规范中，司法机关是依裁判规范而非行为规范来追究当事人责任。

民事责任属于公力救济。责任对应的是公法上的制裁，义务对应的是私权，民事责任的判处和执行依赖于国家公权力。

②民事责任的类型。

民法通则第134条规定了十种具体承担民事责任的方式，具体有：停止侵害、排除妨碍、消除危险、返还财产、恢复原状、修理重作更换、赔偿损失、支付违约金、消除影响和恢复名誉、赔礼道歉等。

如果按一定标准，对这些责任形态作学理上划分，民事责任可以作如下分类：

合同责任、侵权责任与其他责任。这是根据责任发生的原因与法律要件不同而作的划分，我国民法通则将民事责任区分为"违反合同的民事责任""侵权的民事责任"及其他民事责任。

合同责任，是指违反合同义务产生的责任；侵权责任，是指因侵犯他人的财产权与人身权产生的责任。其他责任就是合同责任与侵权责任之外的其他民事责任，如不履行不当得利债务、无因管理债务等产生的责任。

财产责任与非财产责任。这是根据民事责任是否以财产方式救济所作的区分。

财产责任，是指民事责任人以负担财产上不利后果，补偿受害人损害的民事责任，如返还财产、恢复原状、赔偿损失、支付违约金以及修理、重做、更换等。非财产责任，是指由责任人以非财产方式承担预防或消除受害人损害后果的民事责任，如消除影响、恢复名誉、赔礼道歉等。

无限责任与有限责任。在财产责任中，根据债务人对其财产所负债务的责任形态划分，财产责任可分为有限责任和无限责任。无限责任，是指债务人以其全部财产对其债务所负的责任。换言之，债务人之所有财产为债权人债权的担保，债务人对其债务，原则上应负无限责任，债务人之所有债权人，不论其债权发生的先后，均以平等的地位受清偿，即所谓债权平等。有限责任，是指债务人仅以特定财产为限，对其债务所负的清偿责任。在债务人承担有限责任，而其特定财产不足以满足债权时，可不以其他财产负清偿责任。债务人对债务负有限责任，对债权实现甚为不利，故负有限责任之债务须以法有明定为限，否则即应负无限责任。我国现行法对有限责任的规定，主要有公司法规定的公司股东对公司所负债务的有限清偿责任和继承法规定的继承人对被继承人债务的有限清偿责任。

单独责任与共同责任。单独责任是指由一人单独承担的民事责任，共同责任是指有两人以上共同承担的民事责任。共同责任属于单方的多数人责任，如果双方都有责任，则谓混合责任。根据共同责任的多数人之间对于责任的关联度，可将共同责任区分为按份责任和连带责任。

按份责任是指多数当事人按照法律的规定或者合同的约定各自承担一定份额的民事责任，各责任人之间没有连带关系。按份责任，是各责任人仅就自己所负担的责任份额承担责任，当其所承担了所负的责任份额时，其民事责任即告完成。所以，按份责任实际上是将同一责任分割为各个独立的部分，由各责任人各自独立负责，所以又称分割责任。至于按份责任中各个责任人之间责任份额的大小与多少，由法律规定或者通过当事人自行约定。法律没有规定或当事人没有约定的，推定各责任人承担相同的份额。

　　连带责任是因违反连带债务或者共同实施侵权行为而产生的责任，各个责任人之间具有连带关系。所谓连带，就是各责任人都有义务代负其他责任人应负担的责任份额，在权利人提出请求时，各个责任人不得以超过自己应承担的部分为由而拒绝。承担超过自己份额的责任人有权向其他责任人请求予以补偿，亦即在连带责任人内部还是有份额的。连带责任是一种加重责任，只有在法律直接规定或由当事人约定时方能适用。

　　补充责任，是指在第一责任人的财产不足以承担其应负的民事责任时，负补充责任的人对不足部分承担的责任。补充责任与连带责任不同，补充责任人是第二责任人，在第一责任人未承担责任前，享有抗辩权。

　　过错责任、无过错责任、公平责任。这是根据责任的构成是否以当事人的过错为要件进行的分类。

　　过错责任是指因行为人过错导致他人损害时应承担的责任，根据民法通则第一百零六条的规定，一般侵权责任以当事人有过错为要件。过错责任中还有一种特殊的谓之推定过错责任，其与一般过错责任不同之处，在于诉讼中由原告证明自己无过错，否则推定其有过错。

　　无过错责任是指行为人只要给他人造成损害，不问其主观上是否有过错，都应当承担的责任，也称不问过错责任。根据民法通则第一百零六条第三款规定，没有过错，但法律规定应当承担民事责任的，应当承担责任，例如高度危险作业的责任、环境侵害责任就属于无过错责任。

　　公平责任是指当事人对造成的损害都无过错，而又不能适用无过错责任，则根据实际情况由当事人分担的责任。

　　民法是我们员工在日常工作和生活中接触最多也是应用最频繁的法律，掌握民法知识对于我们的工作和生活有着重要的作用。掌握了民法知识，我们就可以在处理工作、生活中的诸多事情尤其是与自己义务和权利相关的事情时懂法、尊法，依照法律选择最恰当的方式方法，让自己尽可能在每一件工作和生活中的小事上做到遵纪守法。

5. 学习刑法，绝不触碰底线

民法适用于我们工作和生活中出现的关乎自身权利、义务的民事责任问题的解决上，而如果某些违法行为如果已经超越了民事责任的范畴，给国家、社会、他人造成了更大的危害时，就会触及刑法，这是我们每个员工都不应触碰的底线。

刑法是规定犯罪、刑事责任和刑罚的法律，具体来说，也就是规定哪些行为是犯罪和应该负刑事责任，并给犯罪嫌疑人刑罚处罚的法律。刑法有广义和狭义之分。广义刑法是指一切规定犯罪、刑事责任和刑罚的法律规范的总和。

对于每个希望做到遵纪守法的员工来说，学习刑法都是十分必要的。可能有些人会觉得，自己平时在工作和生活中连民法中的规定都不会违背，更不要说触犯刑法的严重违法行为了，所以也没有必要去学习刑法，其实不然。很多现实的事例都证明，触犯刑法的严重违法行为的发生，并不仅仅取决于我们的日常行为，有时也受到一些客观刺激和自己主观法律知识缺乏的影响。因此，我们每个员工都应该认真学习刑法，告诫自己避免出现触犯刑法的行为，倘若我们连哪些行为会触犯刑法都不知道，那么就很有可能因为自己认为"并不严重"的行为而触犯刑律，受到法律的严厉制裁。

在学习刑法的过程中，我们除了要学习其中的法律条文规定外，首先就应当对刑事责任的概念和基本特征有全面深刻的理解。

（1）刑事责任的概念和特征。

刑事责任是介于犯罪和刑罚之间的桥梁和纽带。它的功能就在于对犯罪和刑罚的关系起着调节的作用。一个人实施刑法所规定的犯罪，即其行为具备了刑法中的某种犯罪构成，他就应当负刑事责任。犯罪的实施与否决定刑事责任的存在与否，犯罪事实连同犯罪人的罪前表现和罪后态度在内综合反映出的社会危害性程度决定着刑事责任的程度。可见，刑事责任产生于犯罪，是犯罪引起的必然效应。刑事责任既是犯罪的效应，又是刑罚的先导。刑罚是刑事责任的主要实现方式。罪—责—刑的逻辑结构，乃是整个刑法内容的缩影。认定犯罪—确定责任—决定刑罚，完整地反映了办理刑事案件的步骤和过程。

①刑事责任的基本特征。

第一，强制性。刑事责任是一种由犯罪行为所引起的法律效应，是一种强制犯罪人向国家承担的法律责任。

第二，严厉性。刑事责任是一种性质最为严重、否定评价最为强烈、制裁后果最为严厉的法律责任。

第三，专属性。刑事责任只能由犯罪的个人和单位承担，具有专属性，不可转嫁，不能替代。

第四，准据性。刑事责任是犯罪案情事实的综合反映，也是刑法规范的现实化。刑事责任为人民法院判处刑罚提供根据和衡量标准。刑事责任一经确定，犯罪人和被害人均不能自行变更，也不容许"私了"。

②刑事责任与其他法律责任的区别。

第一，基础不同。被追究刑事责任的行为只能是犯罪行为，其社会危害性比被追究其他法律责任的行为的社会危害性大。也就是说，刑事责任只能由实施犯罪的人承担，而不能由任何其他人承担。罪责自负、反对株连是我国刑法的一项重要的原则。这个原则要求，只有参与实施犯罪的人，才能成为刑事责任的主体，其他没有参与实施犯罪的人，不论其与犯罪人的关系如何，都不能令其负担刑事责任。

第二，程序不同。行为人是否承担刑事责任，只能由国家司法机关按照刑事诉讼程序来决定。其他法律责任，则不是通过刑事诉讼程序决定的。确定是否承担刑事责任，主要是国家审判机关的任务，但这不是绝对的。在某些情况下，公安机关、检察机关也可以解决刑事责任问题。例如，根据刑事诉讼法第十五条的规定，当出现犯罪已过追诉时效期限的情况，或者发生犯罪嫌疑人死亡的情况，公安机关、检察机关就应当作出不追究刑事责任或不起诉的决定。根据刑事诉讼法第一百四十二条的规定，对于依照刑法规定不需要判处刑罚或者免除刑罚的犯罪嫌疑人，人民检察院可以作出不起诉的决定。

第三，后果不同。对负刑事责任的人往往随之而来的是给予刑罚处罚，这是最严厉的国家制裁方法。它不仅可以剥夺被判刑人的财产，还可以剥夺其人身自由、政治权利，甚至可以剥夺其生命。其他法律责任都不会引起刑罚处罚这种严重的法律后果。

除了要了解刑事责任的知识外，我们还需要了解一旦发生刑事责任，对刑事责任进行追究和惩罚的刑罚的意义与目的。

（2）刑罚的概念和目的。

刑罚是统治阶级惩罚犯罪的一种制裁方法。我国的刑罚就是人民法院代表人民民主专政的国家对犯罪分子所适用的制裁方法。

我国的刑罚分为主刑、附加刑。

主刑就是只能独立适用，不能附加于其他刑种适用的刑罚。我国刑法规定的主刑有：管制、拘役、有期徒刑、无期徒刑、死刑。

附加刑就是作为主刑的补充而附加适用，但也可以独立适用的刑罚。我国刑法规定的附加刑有：罚金、剥夺政治权利、没收财产。此外，对于犯罪的外国人，可以独立适用或者附加适用驱逐出境，这实际上也属于附加刑。

我国刑罚就是通过有主有从、互相配合，有轻有重、互相衔接的设计方式，形成了严整的体系。在这个体系中，每个刑种都有它特定的内容和作用。刑种的多样性，是为了适应犯罪性质和情节的多样性，便于体现惩办与宽大相结合的政策，实行区别对待的原则。所以，这些刑种是切合我国同犯罪作斗争的实际需要的。

刑罚是对犯罪分子某种利益的剥夺，如剥夺其自由，剥夺其政治权利，剥夺其财产等。所以刑罚对被判刑人必然会造成痛苦，造成精神上、心理上的巨大压力，这是刑罚的属性。正是这种属性，使刑罚发挥惩罚、惩治和威慑的作用。同时，刑罚还包含有谴责的因素，它是对犯罪分子及其行为的否定评价，是国家对于犯罪分子的一种严厉谴责。由于刑罚谴责某种犯罪行为和实施这种行为的人，遂使人们意识到犯罪的事干不得，走犯罪的道路对不起国家、对不起人民，所以这种谴责又是一种教育。社会主义性质的刑罚是惩罚和教育的辩证统一。惩罚和教育都是我国刑罚的内容属性。单纯的惩罚和脱离惩罚的单纯的教育都不是刑罚。

国家对犯罪分子使用刑罚的根本目的是预防犯罪，包括特殊预防和一般预防。而惩罚和教育是达到刑罚目的的手段。

特殊预防就是预防犯罪分子本人再犯罪。人民法院对犯罪分子的判刑，除了极少数罪行极其严重非杀不可的依法判处死刑外，对其他犯罪分子，主要是通过惩罚和教育，把他们改造成为去恶从善、悔罪自新、遵守法纪、自食其力的新人，化有害为无害，化消极因素为积极因素。我国对罪犯改造工作的实践证明，多数犯罪分子通过惩罚和教育，是能够认识到犯罪的危害性以及自己犯罪的社会根源和思想根源的。

一般预防是指防止尚未犯罪的人走上犯罪道路。这就是我们通常说的"杀一儆百""以儆效尤"的意思。为什么人民法院有时选择典型案件，大张旗鼓地公开宣判，为什么宣判罪犯死刑立即执行要出布告，主要原因就是为了警戒和震慑少数不稳定分子，以达到一般预防的目的。通过对犯罪分子适用刑罚，也可以使广大人民群众增强法制观念，提高警惕性和同犯罪作斗争的积极性。司法机关只有充分地、广泛地依靠群众，同他们一道展开对犯罪的斗争，才能够达到有效地预防犯罪的目的。

除了刑事责任与刑罚外，在学习刑法的过程中我们还需要特别注意刑法的法律效力，这能让我们了解刑法究竟在何种情况下是有效的。

①时间效力。

刑法的生效时间，一般有两种规定方式：一是从公布之日起生效；二是公布之后经过一段时间再施行。我国刑法于1979年7月1日通过，7月6日颁布，自1980年1月1日起生效；1997年3月14日通过的新刑法在第452条规定的生效日期，即1997年10月1日起施行新刑法。

刑法的失效时间，有两种方式：一是国家立法机关明确宣布某些法律失效；二是自然失效，即新的法律的颁布代替了同类旧法的内容，或者由于原来立法的特殊条件消失，旧法自行失效。

在溯及力问题上，我国实行从旧兼从轻原则，即：

对于在新刑法实施以前的行为，如果当时的法律不认为是犯罪的，使用当时的法律；

如果当时的法律认为是犯罪的，依照新刑法的规定应当追诉的，按照当时的法律追究刑事责任，但是如果新刑法不认为是犯罪或者处刑的，适用新刑法。

②空间效力。

刑法的空间效力，是指刑法对地域和人的效力。它明确国家刑事管辖权的范围。关于国家空间刑事管辖权范围的原则有：

属地原则，就是单纯以地域为标准，凡是发生在本国领域内的犯罪都适用本国刑法。否则，均不适用本国刑法。

属人原则，就是单纯以人的国籍为标准，凡是本国人犯罪，无论是发生在本国领域内还是本国领域外，都适用本国刑法；凡外国人犯罪，即使发生在本国领域内，也不适用本国刑法。

保护原则，从保护本国利益出发，凡是侵害本国国家或者公民利益的犯罪，不论犯罪人是本国人还是外国人，也不论犯罪地是在本国领域内还是本国领域外，都适用本国刑法。

普遍原则，从保护国际社会共同利益出发，凡是侵害国际公约、条约保护的国际社会共同利益的犯罪，无论犯罪人是本国人还是外国人，也不论犯罪地是在本国领域内还是本国领域外，都适用本国刑法。

综合原则，凡是在本国领域内犯罪的，不论本国人或外国人，都适用本国刑法；本国人或外国人在本国领域外犯罪的，在一定条件下，也适用本国刑法。

我国刑法第六条规定，凡在我国领域内犯罪的，除法律有特别规定的以外，都适用本法。

当然，除了上面的规定外，还有一些特殊情况需要我们注意，在这些特殊情况下刑法的法律效力会有一些重要的变化。

刑法第六条规定的例外情况有以下八种：

1. 享有外交特权和豁免权的外国人的刑事责任，通过外交途径解决法。

2. 民族自治地方不能全部适用本刑法规定的，可以由自治区或者省级人民代表大会根据当地民族的政治、经济、文化的特点和本法规定的基本原则，制定变通或者补充的规定，报请全国人民代表大会常务委员会批准施行。

3. 刑法施行后国家立法机关制定的特别刑法的规定。

4. 依据香港特别行政区、澳门特别行政区基本法的例外规定，我国刑法的效力不及于港澳地区。

5. 我国公民在我国领域外犯本法规定之罪的，适用本地法。但是刑法规定的最高刑为3年以下有期徒刑的，可以不予追究。对于特殊主体即国家工作人员和军人在我国领域外犯本法规定之罪的，一律适用我国刑法。

6. 我国公民在我国领域外犯罪，依照本法应当负刑事责任，虽然经过外国审判仍然可以依照我国刑法予以追究，但是在外国已经受过刑罚处罚的，可以免除或者减轻处罚。

7. 外国人在我国领域外对我国国家或者公民犯罪，法定最低刑为3年以上有期徒刑的，可以适用我国刑法，但是按照犯罪地的法律不受处罚的除外。

　　8.对于我国缔结或者参加的国际条约所规定的罪行，我国在所承担的条约义务的范围内行使刑事管辖权，适用我国刑法。

　　我们大部分员工可能会觉得刑事犯罪离自己很遥远，然而我们却不能因此而忽略了对刑法的学习。很多时候有些人之所以做出了严重的违法行为导致了不可挽回的后果，使自己受到法律的严厉制裁，并不是自己不愿意尊法、守法，恰恰是对于法律知识的缺乏才使自己误入歧途。要想真正让自己远离刑事犯罪，永不跨越刑法这道最后的底线，我们就应该认真学习它，全面掌握刑法中的重要内容，让自己在工作和生活中极力避免出现违反刑法中条例的行为。

6. 熟知司法机关职能，避免"病急乱投医"

　　每一个遵纪守法的员工在法律法规知识的学习上可能不会懈怠，然而在这一学习过程中我们除了要对具体的法规进行认真学习外，也要对我国司法机关的职能有全面的了解。只有了解这方面的知识，我们才能够在需要将法律应用到具体实践中时找对"组织"，避免出现"病急乱投医"的现象。

　　例如，当我们遇到刑事案件时，首先应该向公安局报案，而非直接去法院申请诉讼；如果我们要检举渎职等国家干部不履行自己职责的违法犯罪时，则应当向检察院检举。不同的司法机关是各司其职的，只有我们找对了部门，才能够让我们的法律诉求得到合理满足，"病急乱投医"是不能让我们解决所面对的法律问题的。

要想了解我国司法机关的职能，首先就必须知道我国究竟设立了哪些司法机关。

（1）司法机关的分类。

在中国，司法机关指人民法院、人民检察院两大类。

①人民法院。

人民法院是国家审判机关。中华人民共和国设立最高人民法院、地方各级人民法院和军事法院等专门人民法院。各省、自治区、直辖市设有高级人民法院，以下为中级人民法院和基层人民法院。人民法院审理案件，除法律规定的特别情况外，一律公开进行。被告人有权获得辩护。人民法院依照法律规定独立行使审判权，不受行政机关、社会团体和个人的干涉。最高人民法院是最高审判机关。最高人民法院监督地方各级人民法院和专门人民法院的审判工作，上级人民法院监督下级人民法院的审判工作。最高人民法院对全国人民代表大会及其常务委员会负责。地方各级人民法院对产生它的国家权力机关负责。各级各类人民法院的审判工作统一接受最高人民法院的监督。地方各级人民法院根据行政区划设置，专门法院根据需要设置。

②人民检察院。

人民检察院是国家的法律监督机关，行使国家的检察权。人民检察院由同级人民代表大会产生，向人民代表大会负责并报告工作。中华人民共和国设立最高人民检察院、地方各级人民检察院和军事检察院等专门人民检察院。这种自上而下的排列反映了检察机关上下级是领导和被领导的关系及其集中统一的特点，这与人民法院上下级之间监督与被监督的关系有显著不同。为了维护国家法制的统一，检察机关必须一体化，必须具有很强的集中统一性。

最高人民检察院是最高检察机关，领导地方各级人民检察院和专门人民检察院的工作，上级人民检察院领导下级人民检察院的工作。最高人民检察院对全国人民代表大会及其常务委员会负责。地方各级人民检察院对产生它的国家权力机关和上级人民检察院负责。地方各级人民检察院包括省、自治区、直辖市人民检察院;省、自治区、直辖市人民检察院分院,自治州和省辖市人民检察院;县、市、自治县和市辖区人民检察院;专门人民检察院主要包括军事检察院、铁路运输检察院,各级人民检察院都是与各级人民法院相对应而设置的,以便依照刑事诉讼法规定的程序办案。人民检察院依照法律规定独立行使检察权,不受行政机关、社会团体和个人的干涉。

可能有些员工会说,司法机关应该还包括公安机关,公安机关不也是重要的司法职能部门吗?事实上,公安机关严格意义上属于国家行政机关。它担负着刑事案件的侦查任务,在履行刑事侦查职能的时候,公安机关可以被我们认为是司法机关的一部分,而在行使行政职能时则不属于司法机关。

在了解了司法机关究竟有哪些后,我们接下来就要牢记它们各自所具有的职能,在这里我们也暂且将公安机关认定是司法机关的一部分。

(2)司法机关的职能。

①法院。

法院行使司法权,主要审理民事案件、刑事案件、行政案件和选举案件等。法院包括普通法院、行政法院、特别法院、军事法院等。中国的法院包括最高人民法院、地方各级人民法院和专门人民法院。中华人民共和国实行四级二审制和法院独立审判、法律面前人人平等、公开审理、被告有权获得辩护等原则。各国法官的产生,或是由国家元首或大法官任命;或是由立法机关、法官委员会、选民选举。中国的法官一般由各级权力机关选举产生。人民法院依法独立行使审判权,其他国家机关不能分享。宪法第一百二十三条规定"中华人民共和国人民法院是国家的审判机关",依法确立了人民法院作为审判机关履行国家审判职能的性质。

四级二审制是指我国人民法院分为四级即最高人民法院、高级人民法院、中级人民法院和基层人民法院。采取两审终审制的审判方式，即一个案件经过两级人民法院审理即告终结的法律制度。其内容是：如果当事人对地方各级人民法院审理的第一审案件所作出的判决和裁定不服，可以依法向上一级人民法院提起上诉，要求上一级人民法院对案件进行第二次审判；经第二审人民法院对案件进行审理，所作出的判决和裁定是终审判决和裁定，当事人不服不得再提起上诉，人民法院也不得按照上诉审理程序审理。

②检察机关。

检察机关的职责是代表国家对刑事案件提起公诉，追究被告人的刑事责任，并监督审判活动等。检察官的任命按国家公务员的规章办理，享有与法官同等的法律保障。中国的检察机关是从属于国家权力机关，独立于其他国家机关的法律监督机关，与法院平行。检察人员由各级国家权力机关任免，检察长的任免报上级国家权力机关批准。人民检察院依法独立行使检察权，有权对国家公务人员履行职务进行监督，对公安机关的侦查、人民法院的审判工作、司法行政机关的监狱工作进行监督。宪法第一百二十九条规定"中华人民共和国人民检察院是国家的法律监督机关"，依法确立了人民检察院作为国家检察机关代表国家行使检察权的法律监督机关性质。

③公安机关。

公安机关在作为司法机关时主要依法行使侦查权，具有司法的性质。公安机关除具有司法的属性外，归属国家行政机关的组成部分；公安机关的主要任务是维护国家安全，维护社会治安秩序，保护公民的人身安全、人身自由和合法财产，预防、制止和惩治违法犯罪活动。

而除了以上三种国家司法机关外，还有一些针对特殊事件和特殊对象的司法活动，涉及一些国家其他机关部门暂时行使司法职能。例如，国家安全机关依法对危害国家安全犯罪立案侦查、监狱侦查部门依法对发生在监狱内部的一般刑事犯罪立案侦查、军队保卫部门依法对军人犯罪立案侦查。上述负有刑事侦查权的机关在履行刑事侦查职能过程中角色同公安机关，可以被认为是司法机关的一部分。但上述机关（包括公安机关）在履行行政职能或其他非侦查职能的时候属于行政机关的组成部门或军队政治部门的组成部门，不认为是司法机关。

在了解了我国司法机关的种类和职能外，我们还需要知道的是每个不同司法机关其组织体系，毕竟我们不能在遇到任何法律问题时都直接去要求国家最高司法机关予以受理。

（3）司法机关之间的组织体系。

①人民法院。

人民法院按行政区划设置，一般分最高人民法院、高级人民法院、中级人民法院和基层人民法院四级；各级人民法院依法由本级人民代表大会产生，对本级人民代表大会及其常委会负责并报告工作，接受监督；各级人民法院依法行使职权，最高人民法院监督地方各级人民法院和专门人民法院的审判工作，上下级人民法院之间是监督与被监督的关系。

②人民检察院。

人民检察院按行政区划设置，一般分最高人民检察院和地方各级人民检察院；各级人民检察院依法由本级人民代表大会产生，对本级人民代表大会及其常委会负责并报告工作，接受监督；地方各级人民检察院检察长经本级人民代表大会选举，报上级人民检察院提请同级人大常委会批准；各级人民检察院依法行使职权，最高人民检察院领导地方各级人民检察院和专门人民检察院的工作，上下级人民检察院之间是领导与被领导的关系，各级人民检察院依法对本级人民代表大会及其常委会负责并报告工作，接受监督，同时下级人民检察院对上级人民检察院负责，并报告工作。

③国家公安机关。

国家公安机关、安全机关依据《宪法》《地方组织法》和各级人民政府机构设置方案等相关法律法规的规定，按行政区划进行设置相应机构，作为本级人民政府的组成部门或直属部门，依法行使相应职权，对本级人民政府负责，同时也对上级主管机关负责；各级国家公安机关、安全机关并非由本级人民代表大会产生的，因此不直接对本级人民代表大会及其常委会负责，也不需要直接报告工作，相关工作由各级人民政府依法对本级人民代表大会及其常委会负责并报告工作，接受监督。

④公检法机关的相互关系。

公检法三机关相互关系：宪法规定"人民法院、人民检察院和公安机关办理刑事案件，应当分工负责，互相配合，互相制约，以保证准确有效地执行法律"。

分工负责。人民法院行使独立审判权，人民检察院行使独立检察权，公安机关行使侦查权，安全机关行使特别侦查权，司法行政机关行使刑法执行权。各政法机关在处理刑事案件工作中按照法律规定各司其职、各负其责，既不能相互推诿，也不能互相替代，依据《刑事诉讼法》的规定，对刑事案件，经检察院批准或法院决定，公安机关负责侦查、拘留、执行逮捕；人民检察院负责批准逮捕和提起公诉；人民法院负责检察院提起公诉和被害人提起自诉案件的审判。

互相配合。各政法机关在分工明确、各司其职、各负其责的基础上，要相互支持、协调，互相配合，共同完成司法工作任务。

互相制约。各政法机关之间应相互监督、相互约束，防止执法错误，以便及时纠正错误。例如：公安机关逮捕犯罪嫌疑人时，必须报请检察机关批准；检察院提起公诉后，法院对犯罪事实不清、证据不足的可以驳回起诉；法院判决后，检察院对有错误的判决可以提起抗诉；法院认为检察院抗诉无理的可以驳回抗诉；司法行政机关在刑罚执行中，如果认为判决有错误，应当转请检察院或原判法院处理；检察院作为法律监督机关，有权对侦查、审判和刑事执行工作实施监督。

了解我国的司法机关对于我们更好地满足自己的法律诉求，行使法律赋予我们的权利有着重要的作用。当我们在工作和生活中遇到法律问题时，能够准确地寻求能够满足我们需求的司法机关的帮助对于及时解决法律问题有着重要意义。

7. 只尊权威，使用可靠的法律学习资料

我们在学习法律知识的过程中，往往需要参考很多自己搜集的相关资料，给自己争取更多获得法律知识的途径。不过学习法律知识不同于学习其他的知识，权威性和正确性是我们必须首先考虑的问题。因此，我们在学习过程中就必须保证所使用的资料具有权威性和绝对的正确性，否则很容易被学习资料所误导，反而对学习法律知识产生阻碍，甚至造成误解法律从而做出违法行为等更严重的后果。

现如今，我们获取法律知识资料的途径无非是图书资料、网络资料、官方资料几种。而无论使用哪种方式获取资料，都必须要注意其正确性和权威性，只有这样我们才能够通过最优质的学习资料真正达到学习正确法律知识提升自己法律意识，让自己在工作和生活中做到遵纪守法的目的。

当然，要想保证我们所获取的法律学习资料是可靠的，就必须从获取途径、使用方式、检验方法等多方面进行考量。

（1）选择最稳妥的资料获取途径。

当我们用手机收集法律知识资料的时候，一定要对资料获取的途径进行严格把关。如果我们使用的是图书资料，那么就必须确定图书是经由正规途径和流程发行的正版图书，对图书发行的出版社也要进行评价，选择那些在法律图书发行上比较权威、口碑比较好的出版社发行的法律图书。

如果我们是通过网络途径获取的法律资料，就更要十分注意。相对来说网络上的言论更加自由、随意，网络上获取的法律知识资料可能不具有权威性，甚至仅仅是某些人编造的谬论。如果我们需要通过网络来让自己获得更多法律知识资料，那么一定要从具有政府权威认证的网址（后缀名为".gov"）或是知名门户网站上查阅。通常来说，政府官方网站和知名门户网站对其言论都能够秉承负责任的态度，在这些网站上获取的法律知识更具有权威性。

如果我们的资料来源于司法部门等官方途径，那么相对来说最具有权威性和正确性。不过即便我们的资料来自于最可靠的源头，也必须注意一点，那就是我们所获得的法律知识资料的时效性，是否现在依旧沿用。国家法律经常会进行修订，如果我们获得的是已经"过时"的法律知识，那么就绝不能继续使用了。

（2）恰当使用我们手中的法律知识资料。

当我们已经获得了具有权威性和准确性的法律知识资料，如果不能正确地使用，那么对于我们学习法律知识也不一定能够起到足够的帮助作用，反而有可能给我们带来麻烦。一般来说，我们可以按照不同类型的资料采用最具有针对性的使用方法。如果是法律条文性质的法律知识资料，我们首先就要熟记这些法律条文，并且最好能够得到这些法律条文颁布的具体目的、流程和背景，这样更有益于我们完全理解和记忆。

如果我们获得的是案例性的资料，那么就千万不能抱着"看看热闹"的心态，这样是无法从资料中学习到相应的法律知识的。我们应该把案例与我们手头的理论性法律知识相结合，一起去学习和研究，这样往往能够达到理论与实际相结合的效果，让这些案例性资料在我们手中发挥更重要的作用。

此外，还有一种法律知识资料是通过咨询专业法律人士或是参加普法教育而获得的，对于这样性质的学习资料，我们首先就要把握住整理阶段。在整理阶段要确保我们整理出的法律知识与我们获取的知识保持一致，而不是经过我们主观加工后形成的错误理念。由于法律知识具有其严谨性和唯一性，在我们加工通过这种途径获得的法律知识资料时，一定不能加入自己的主观意识，这时候并非发挥"主观能动性"的好时机。我们只需要进行客观的记录和整理，再依照这些资料进行学习即可。

（3）对我们手头的法律知识资料进行检验。

即便是我们认为自己的法律知识资料确实是通过最稳妥的途径获得的，使用方法也足够恰当，我们还是需要对这些资料进行检验，避免由于细节的疏漏而导致学到错误的法律知识。检验的方法其实很简单，就是与现行政府官方颁布的法律条文、规定、解释、暂行办法进行比较，要确保资料与其一致。此外，我们还可以对一些不确定的资料咨询专业的法律从业人员或是法律服务部门，确保资料的准确性。

法律知识的学习最主要的是要保证其正确性，只有使用的法律知识学习资料是正确的，我们才能够获得最准确的法律知识，才能够让自己在学习法律知识的道路上不会走偏、走错，让自己通过对法律知识的学习增强法律意识，做到遵纪守法。

8. 重视细节，越是法律细节越要弄明白

我们都听过这样一句话：细节决定成败。无论是在工作还是生活中，很多时候只有做好细节才能够真正取得成功，法律学习亦是如此。我们已经不止一次强调过，法律知识的学习最主要的就是保证其准确性，每

一个法律知识都有其唯一性，很多时候替换法律知识中的任何一个字都有可能造成对法律含义的错误理解。我们对任何一个法律知识细节的理解错误，都有可能导致我们因此而产生违法行为。

相比于对其他知识的学习，学习法律知识可以说是最需要严谨态度的，因为法律本身就是十分严谨的科学。在学习其他知识的时候如果我们有所疏漏，最多不过是犯一些错误，大部分情况下并不会给我们带来多么巨大的危害。然而如果我们在学习法律知识的时候犯了错误，那就很可能让我们在工作和生活中触及到法律的底线，从而造成不可估量的后果。那么究竟如何才能够做到重视法律知识学习过程中的细节呢？

（1）每一个法律知识都要求甚解。

我们学习法律知识的过程中，最忌讳的就是一知半解，只对法律知识有大概的了解却没有深入理解。我们不止一次强调了，学习法律最重要的就是严谨，任何一个法律知识都不能漏记、记错，否则很有可能由于误解法律导致在不知不觉的情况下触犯法律法规。在法律知识的学习过程中，哪怕学得慢、学得苦，我们也必须做到学一点就懂一点，让自己对每个学习的法律知识细节都铭记于心。只有这样我们才能说我们真正掌握了这个法律知识，才能在工作和生活中去遵守它、使用它、维护它。

（2）要特别留意那些法律知识资料中容易被遗漏的注释细节。

我们学习法律知识的时候可能不难发现，有些法律知识和法律条文后还有一些标注、解释以及延伸等。这些内容通常都会在法律知识正文外以小字或注释的形式出现。很多人在学习法律知识时往往忽略了这一细节，从而造成对某项法律或法律条文认识的不全面。一般来说，如果在法律知识内容上进行了一些注释，证明这些注释对于我们学习这个法律知识有着重要的作用，否则就没有必要进行标注。因此，我们一定不要忽略这些正文之外的细节，对这些标注也应当认真阅读、理解。

（3）在学习法律知识时，要对每一个内容反复理解。

在学习过程中我们每个人都难免出现遗漏，因此反复进行复习就成为了发现和弥补这些遗漏的关键。法律知识的学习有时是枯燥的，这很可能会造成我们注意力的不集中，遗漏一些细节也就不足为奇。如果我们仅仅是对一项内容进行一次学习，这些遗漏就永远不会被发现；而如果我们养成复习的好习惯，学习过的法律知识也要再拿出来反复重新进行理解，我们就能捡起那些被我们遗漏的部分，能更全面地掌握法律知识。

任何一项法律都尊重细节，在任何一个细节上都依旧保持着它的严谨性和唯一性。因此我们在学习法律知识的过程中也应当以细节为重，越是法律知识中的细节部分越要弄懂。这样我们才能够全面地掌握一项法律并遵守它、应用它。别让那些被忽视了的细节成为我们法律知识学习和遵纪守法道路上最大的绊脚石。

9. 走出传统观念带来的法律误区

当不断深入地完成对法律知识的学习后，我们对于法律的理解也越来越透彻。然而即便如此很多员工可能还是存在着一些法律误区，而这些误区除了是由于法律知识还不够健全所导致的，也是由于我们的一些传统观念所造成的。

在我国有很多大家所熟知的传统观念，这些传统观念形成了一定的"社会规则"，很多员工对于这些"社会规则"深信不疑，把它们视之为法律。殊不知很多这些所谓的"社会规则"其实与我们的法律法规是相违背的，如果一味相信它们，反而会让我们走入法律的误区。

误区之一："法不责众"

"法不责众"是人们思想观念中较为根深蒂固的一种错误认识，他们认为，如果违法的人多了，法律的尺度就能放宽，甚至不追究他们的责任。在这种错误认识的驱使下，有些违法行为就是不法分子成群结伙干的，如有些地方非法收费、有些单位制造伪劣产品等。而且，"法不责众"常常会被少数违法者所利用，如一些村委会长期拖欠债务，一旦法院来强制执行，个别村领导便以"法不责众"为由来唆使群众进行阻拦、闹事，甚至煽动群众集体上访。实际上，法律不会因为违法者人数极少而严加惩处，也绝不会因为违法者人数众多而放宽尺度，更不可能不予处罚。而且，"众"只是一个相对的概念，从局部来看，他们似乎人多势众，但与法律所保护的整个主体相比，在任何情况下都是极少数的。因此，任何违法犯罪行为，一经查证属实，必将受到法律相应的惩罚。

误区之二："父债子还"

"父债子还"是一种陈规陋习。我国《继承法》从根本上铲除了"父债子还"存在的社会经济根源，规定继承人可以依自己的意愿自主地决定是接受继承还是放弃继承。如果"父"遗留下来的债务超过遗产，"子"完全可以选择放弃继承，从而不必替"父"偿还债务。即使"子"选择了接受继承，他也只以继承的遗产为限对"父"生前所欠债务负偿还责任。在"子"用"父"遗留的全部财产来偿还债务后，无论债务是否已清偿完毕，"子"都没有法律义务用自己所有的财产来继续清偿，除非他自愿偿还。由此可见，随着法制观念的不断发展更新，"父债子还"在今天已成为错误的观念，已经完全不再适用。任何人都不能再据此要求继承人在继承的遗产的范围之外用自己的财产偿还被继承人生前所欠的债务。

误区之三："欠债还钱，天经地义"

"欠债还钱，天经地义"在老百姓心中已是不容置疑的道理，欠债哪有不还钱的？但在法律上，"欠债"还真有不还的时候。我国《民法通则》规定了诉讼时效，也就是说，向人民法院请求保护权利是有期限的。

一般情况下，期限是 2 年，从知道或者应当知道权利被侵害时起计算，但是，从权利被侵害之日起超过 20 年的，人民法院则不予保护。《民事诉讼法》也规定了申请执行期限，双方或一方是公民的，申请执行期限为一年，双方都是单位的，申请执行期限为六个月，这就要求人们，当知道自己的权利受到侵害时，不要盲目等待债务人还钱，要及时向人民法院起诉，人民法院判决或调解后，债务人不在法律文书确定的期限内偿还债务的，不要被其花言巧语所骗，要及时申请人民法院强制执行。一旦超过了诉讼时效和申请执行期限，除非债务人自愿偿还，否则，法律也爱莫能助。

误区之四：“家丑不可外扬”

中国人有个传统，都喜欢向脸上贴金，而将所谓的“家丑”藏在自己的心中。正是这种不分具体情况死要面子的传统，使得多少家庭发生了本不应该发生的悲剧，广大妇女更是深受其害。如今反对家庭暴力的呼声越来越高，而“家丑不可外扬”这种观念正为家庭暴力提供了滋生的沃土。一些妇女即使遭遇了家庭暴力，在外也装作若无其事，甚至强作笑颜，给人以家庭和睦的假象。“家丑不可外扬”不但能制造家庭悲剧，也能为祸一方，给人民的生命财产安全带来重大威胁。如某地发生了煤矿塌方、瓦斯爆炸等事故，煤矿领导甚至地方领导害怕走漏消息给自己的“政绩”带来影响，总是千方百计地私下做工作、捂盖子，而置人民的生命财产于不顾。殊不知，这样带来的危害更大，后果更严重。“家丑不可外扬”害人不浅，因此，所谓的“家丑”该“扬”的还得“扬”，尤其是违法犯罪和出现重大责任事故的，更是捂不得，否则，等待自己的只能是更大的伤害和教训。

误区之五：“有理走遍天下”

“有理走遍天下”本为世人所津津乐道，但在法制观念不断更新的今天，我们不得不对它进行重新审视。现在人们相互之间发生纠纷，往往会诉诸法律，但法律确认事实则要求有相应的证据来证明。最高人民法院公布的《关于民事诉讼证据的若干规定》中规定，法院受理案件后，要向各方当事人送达举证通知书，并在该通知书中载明根据案情所指定的不少于 30 日的举证期限，在举证期限内不提交证据的，视为放弃举证权利。对于逾期提交的证据材料，如果对方不同意质证的，法院则不再组织质证。而没经过质证的证据材料，法律是不会认定的，那么，相应的"事实"也就得不到法律的认定。所以，如果对案件采取坐视的态度，不积极主动地去调查取证，尽管在法庭上振振有辞，但最后相关事实仍有可能因无证据证实而得不到法律的支持，因此，从这个意义上讲，"有理"未必能"走遍天下"。

误区之六："天网恢恢，疏而不漏"

人们总爱用"天网恢恢，疏而不漏"来说明犯罪分子一定会受到法律的惩罚。殊不知，这只是一种美好的愿望，"天网"也有"漏"的时候。不可否认，目前受到各种因素的制约，仍有相当部分的案件不能侦破和不能及时侦破，而我国《刑法》对犯罪分子的追诉是有一定时效限制的，如对法定最高刑罚为无期徒刑和死刑的，经过 20 年，即视为已过了法定追诉时效期限，不再追究犯罪分子的刑事责任。因此，作为受害人，更要积极主动地与公安机关相配合，争取早日破案。同时也应注意，有时候法律也会力不从心，当不幸降临时，切不可因为犯罪分子没有受到应有的惩罚而对法律丧失信心，更不可丧失生活的信心和勇气。

当我们已经拥有了相当丰富的法律知识后，我们一定要重新对一些流传已久的"社会规则"进行审视，不要因为盲目相信这些规则而让自己掉进法律误区。当我们发现一些人们所熟知的"社会规则"与我们所掌握的法律知识相违背时，我们应该以法律法规为准，尊重法律的权威性。

第三章

工作中坚守法纪，依法工作不越雷池半步

在工作中我们获得的每一个成果，业绩的每一次提升都必须建立在坚守法纪的前提之下。只有不越法律雷池的工作才能够真正体现我们员工的价值。越过了法律的"红线"，我们在职业道路上前进的步伐也将戛然而止。

1. 做任何工作都要以守法为前提

　　每个员工都身处不同的企业、不同的岗位之上，自然也都做着不同的工作。工作中我们往往把大部分的精力放在了如何更好完成工作、如何提升业绩、如何赢得领导青睐上，却因此而容易忽视工作中最最重要的前提——守法。只有在遵纪守法这一大前提下，我们所取得的成绩才有意义，我们所完成的工作才有价值，我们才能真正受到领导和他人的赞赏。

　　现如今的职场压力越来越大，这也让每一个身处职场的员工都不得不想方设法在工作中超越他人、超越自我，从而在这场看不见硝烟的"战场"上得以生存。然而在这拼搏过程中，有一些人却忘记了守法是做任何工作最基本的前提，为了追求所谓的"成功捷径"，快速提升自己的业绩和回报，最终掉入了违法犯罪的深渊。

　　束某是南京某汽车销售有限公司销售主管，年纪轻轻就坐上销售主管高位的他并没有满足于现在的工作状况。为了能够继续获得升职，束某想尽一切办法来提高自己的业绩。

　　然而，买车的人毕竟是有限的，也不是所有有购车需求的客户都会找他购买汽车，因此他遇到了销售业绩的瓶颈，很长一段时间他的业绩都停滞不前。经过一番苦思冥想，束某终于想到了一个"歪点子"。

　　他发现很多人尤其是年轻人现在都习惯于在网上获取一些政策性信息来指导自己的消费。他为了提高销售业绩，开始多次在网上故意发布"南京汽车要限牌""车管所已经购置用于摇号的机器，正在调试"等谣言，一度引起了一些市民争购买车，他的业绩也因此有了一定程度的提高。然而这种行为却并没有给束某带来长久的业绩，他等来的并非给他升职加薪的领导，而是公安机关的调查。

其实束某的行为，已经扰乱了正常公共秩序和市场秩序，根据《中华人民共和国治安管理处罚法》有关规定，公安机关依法对束某予以治安处罚。而束某也因此而丢了本来优越的工作，自吞苦果。

可见，如果在工作中只重业绩、只想"走捷径"而忽略了守法的前提，那么等待我们的绝对不是丰厚的回报而是法律的制裁。作为员工，我们每个人都应对工作成绩的提升有着强烈愿望，但是也应时刻记住，任何工作都要以守法为前提，只有守法才有业绩，只有守法才有回报。

要想在工作中做到一切以守法为前提，我们首先就必须铭记遵纪守法的原则，提升自己的法律意识。无论在做什么工作时，我们首先应当想到的是守法。从制订工作计划选择工作方法开始，我们就要严格依照法律的规定，让工作流程中的任何一个计划都在法律的框架之内。而在工作过程中，我们也应当时刻控制自己的思想，当违法念头冒出来时要及时遏制错误思想的蔓延。同时，我们还必须适时对自己的工作行为进行自检自查，看看是不是有可能导致违法的行为出现，及时改正这些行为，消除隐患，让自己在工作中的每一个行为都没有任何触犯法律的风险。

其次，我们要知法、懂法，尤其对于自己岗位的职业法律要深刻理解。有些时候我们之所以在工作中会出现违法行为，多是我们对于自己工作所涉及的法律知识根本就不了解。因为无知而触犯法律对于每个员工来说是最不值得的，因此我们在投身岗位工作的第一天就应当积极学习职业法律和各种相关的其他法律知识，确保自己不会因为法律知识的匮乏而误入歧途。

最后，我们在工作中还需要时刻保持对法律的尊重。无论我们的工作有多么重要，无论我们对于业绩的提升有多么大的希冀，我们都不能把这些凌驾于法律之上。作为一名员工我们与其他人一样都是国家的公民，都是社会的一分子，我们与所有人一样没有任何"特权"，自然也就不能把自己的任何事情凌驾于法律之上。只有秉承着这种对法律的尊重，我们才能够在工作中时刻想着守法、做到守法。

工作帮助每个员工实现自己的人生价值，而守法则是帮助我们堂堂正正地完成工作。失去守法这个前提，我们做的任何工作都不可能取得成绩，因为我们无法获得社会和他人的认可。一个优秀的员工首先应该是守法的员工，一个能够创造辉煌业绩的员工也一定会以守法为第一原则。

2. 坚决抵制违反法律的工作要求

我们已经知道，无论在做任何工作时都要以守法为前提，相信每个员工也都能够在工作中努力去做到这一点。然而有些时候渐渐走入违法的歧途并非我们本意，而是受到了一些外界因素的影响，让我们"不得不"去做那些违法的行为。

当我们为一个企业工作时，我们都必须服从企业的管理，按照企业和领导的要求去完成工作。而倘若这些工作要求本身就触犯了法律，那么作为员工我们该何去何从呢？在这个时候可能有的员工因为害怕"得罪"领导和企业，害怕丢了工作，只得选择按照这些违法的要求去执行，然而殊不知自己已经越过了法律的红线，最终也会受到法律的制裁。

作为一名员工，我们都是有判断力的成年人，在这种时候我们更应该有自己的是非观念和原则，对于企业、领导或者客户提出的违法要求，我们要予以坚决抵制，守护我们工作中最后的底线。这样我们不但不会因此遭受飞来横祸，反而能够真正给自己的职业生涯带来益处，带来发展。试想，如果一项工作必须要以违法为代价才能够完成，那这样的工作怎么可能给我们带来好处？它只能让我们受到处罚乃至身陷囹圄，这种工作不能做。

陆某是一家国有企业的一名普通会计，在基层岗位上工作的他日日想着能够获得晋升，于是在日常工作中总是绞尽脑汁希望能够给领导留下一个好印象。

一天，企业财务总监突然造访他的办公室指导他的财务工作，这可让他受宠若惊，要知道财务总监可是他的顶头上司，一般情况下根本不会亲自到基层岗位上指导基层员工工作。于是陆某打起十二分的精神认真听取领导的建议。

然而听着听着他却发现，领导的来意好像并非指导工作，而是让他帮助完成一些"特殊工作"。领导对他说："小陆啊，我发现财务部门就数你最聪明，这项工作我也只能交给你完成。你在下个月的财务报表中帮我做一笔支出，我会给你相应数额的发票，你只管按照行政费用去做就是了。"

聪明的陆某当然明白，领导的意思是要让他帮忙做假账，其目的当然是私自占有这笔莫须有的行政费用。于是陆某在心中进行了激烈的思想斗争，一方面他知道这是违法行为，另一方面却不想因此而放过这难得的晋升机会。最终陆某做出了决定，他想：反正钱又不是我的，我只管满足领导的要求就是了，说不定还能因此获得晋升。

果不其然，在陆某完成了领导布置给他的"特殊任务"后，立刻被晋升为财务办公室主任，同时还获得了一笔不小的"奖金"。正当陆某沾沾自喜的时候，公安部门经济犯罪科找到了他，并告知他的领导已经被立案侦查，他也必须接受相应调查。

最终，陆某由于与领导合谋侵吞国有资产触犯了刑法，被判处有期徒刑三年，陆某不仅因此丢了工作，还要在三年的时间里与铁窗相伴。作为财务人员，这还成为他终身的污点，即便重获自由也难以再从事相关领域的工作。

作为一名员工，我们也都希望自己成为"听领导话的好员工"，获得领导的赏识和重用。然而如果我们对于企业、领导、客户的要求"来者不拒"，即便知道其中存在违法的行为依旧坚决执行，那么不但对我们的职业生涯无益，反而有可能彻底中断我们的职业道路，成为犯罪者彻头彻尾的帮凶。

当然，要想在工作中坚守自己的守法底线，在遇到触犯法律的工作要求时予以坚决抵制，我们就必须首先从自己的思想上树立正确的价值观和强大的法律意识。

（1）要认识到违法工作并不能让我们收获成功。

很多时候我们之所以无法拒绝企业、领导、客户提出的违法工作要求，多半还是被利益蒙住了双眼，认为只要按照要求去做，那么就能找到"捷径"获得事业上的丰收；而如果我们拒绝则会得罪人，从而让自己的事业受到阻碍。其实这种想法是完全错误的。任何人的事业只有在守法的前提下才能不断发展、提升，如果连最基本的法律都不能遵守，那么这样而来的"成功"只会是海市蜃楼，当我们的违法行为败露时，所获得的一切利益也将终成镜花水月。

（2）从犯也会受到法律的制裁，自己做出的违法行为是不能推给别人的。

现实中，很多接受企业、领导、客户违法工作要求的员工都会抱着这样的想法：是他让我违法的，抓也会抓他，我只是不得已而为之，不会受到什么惩罚。这种想法完全就是缺乏法律意识和法律知识的想法。

法律不会错抓任何一个没有违法的人，但也绝不会放过任何一个违法犯罪的人。每个员工都是有完全行为能力的成年人，对自己的行为必须承担相应的法律责任，即便我们是受人指使或教唆，但是只要做出了违法行为就都会受到法律的制裁。因此，在我们接受到违法工作要求时，只有选择坚决拒绝才能够避免触犯法律，保证自己的清白。

（3）了解违法行为检举的途径，积极寻求法律援助。

有些时候一些员工之所以"不得不"去满足企业、领导、客户提出的违法工作要求，是由于自己受到了"警告"或是威胁，而又不知道如何才能在拒绝违法工作要求的同时保护自己的权益。其实在遇到这种情况时，我们员工并非"告状无门"，并非只有选择同流合污这一条路。不要认为自己告了也没用，要相信法律绝对可以保护我们的正当权益，惩治违法犯罪行为。在遇到被提出违法工作要求的时候，我们应该积极了解类似违法行为的检举途径，积极寻求法律援助机构的帮助，让专业的法律人士来替我们解围。

（4）要坚定决心，我们才是正义的一方。

很多情况下，员工在接受到违法工作要求时之所以不敢拒绝，主要还是因为害怕被"报复"，害怕丢了工作，因此犹豫不决，最终被说服参与违法行为。当遇到违法工作要求时，每个员工都应当坚定自己的决心，与违法行为斗争到底。要相信那些给我们提出违法工作要求的人是心虚的，当我们拒绝的时候他们是不敢对我们打击报复的，因为我们才是正义的一方。即便这些人丧心病狂地对我们进行报复，我们也要坚信法律会替我们伸张正义。"权大于法"只是那些不法之徒的虚张声势而已，无数的现实已经证明他们并不能真正凌驾于法律之上，因此我们更没必要因此而害怕。

当我们在工作中遇到违法工作要求时，我们都应该从心底坚决抵制，要勇敢对这种要求说"不"。只有我们参与到这些违法行为中时才会受到来自法律的惩罚，而拒绝不但不会将我们的职业道路"堵死"，反而会帮我们清除这个职业道路上的"障碍"，让我们的工作更顺利、更美好。

3. 从小事做起，再小的工作上也要守法

员工每天都穿梭在不同的工作之中，为了解决工作中的问题而殚精竭虑。而在工作的过程中我们也渐渐明白，工作中的事情不分大小，每一件事情都十分重要。其实不仅仅是对于工作本身，在守法工作这件事上也没有大小之分，工作上的事情都应该以守法为前提。从小事做起，在工作的细节上做到遵纪守法，我们才能避免触及法律的底线，才能够真正成为守法员工。

现实中有些员工在大是大非面前往往能够坚定遵纪守法的决心，而恰恰是在一些不足挂齿的小事上却"阴沟翻船"，因为在这些"小事"上不注意守法工作，最终越过了法律的红线，给自己带来了严重的后果。

其实仔细想想，很多在工作中违法违纪的人，最初大多是在一些小事上没有做到守法，比如收一点回扣、拿一个红包、走一次"后门"等。然而当这些人一次次在这些"小事"上违法后，他们的胆子就会大起来，最终让自己在重大事情上也出现违法行为，受到法律的严厉制裁。因此，我们每个员工也要提防这种情况，让自己在工作中从小事做起，坚决守法。只有这样，我们才能够杜绝违法心理的滋生和蔓延，让自己不至于陷入习惯性违法的泥潭。

当然，要想保证自己在细小的工作上也坚决做到守法，让自己在工作中不出现微小的违法行为并不容易，这需要我们积极调整自己的心态，并严格约束自己的行为。

（1）要意识到违法行为不分大小。

有些人之所以在小事上容易出现违法行为，还是不把这些小的违法

行为当一回事，认为这根本不能算是违法。然而不管是在大事上还是小事上，违法了就是违法了，在小事上触犯了法律依然逃脱不了法律的制裁。如果我们希望成为一名真正的守法员工，那么就不要在触犯法律的事情上论"大小"，要把所有违法行为等而视之，坚决不能让自己出现违法的行为。

（2）要明白只有在小事上遵纪守法，我们才能在大是大非面前做出正确选择。

不要认为在小事上偶尔做出违法行为并不会让自己犯"大错误"，抱着这种想法的人最终都会因为犯了严重错误而受到法律的严惩。试想，如果我们在工作中的小事上都不能做到坚决守法，那么当我们遇到能够决定我们职业生涯甚至是人生命运的选择时，我们更不可能把守法作为第一前提。只有在日常工作中的每一件小事上养成遵纪守法的好习惯，我们才能够让守法意识扎根于我们的思想中，才能够做到在任何事情上都以守法为第一准则。

（3）用遵纪守法的原则约束工作中的每一个行为。

我们都懂得"千里之堤，毁于蚁穴"的道理，很多重大的违法行为都是由于平时不经意间在一个个小的工作行为中不注意守法而积累的结果。每个员工在平日的工作中都应该将守法意识贯穿始终，让这种意识流淌在我们的每一根血管里，在任何一个工作行为上都坚决做到守法。只有这样，我们才能够在每一个行为都严格守法的基础上，让自己的整个工作过程都处于遵纪守法的轨道之内，其最终结果也才能在法律框架的范畴之中。在工作中的任何一个行为如果存在违法的情况，那么我们的整个工作也将不再合法，其结果也不可能是我们心中所希望的。

在我们的工作中，任何成功都是从小事积累而成，守法亦是如此。只有做到在工作中的任何一件小事上遵纪守法，我们才能不给自己的整个职业生涯增添任何"污点"，才能够让我们的职业道路始终充满光明。

4. 不抱侥幸心理，不给违法行为开任何先例

有人说：每个人天生就是"赌徒"，总希望能够依靠自己的"运气"来赢得那些本不属于自己的东西。我们每个员工可能或多或少都会有这样的想法，这就是侥幸心理。然而虽然在一些工作之事上抱有一点侥幸心理并无伤大雅，然而在守法问题上我们绝不能以这样的心理去"赌博"，因为在遵纪守法上"赌博"所需要的"赌资"是任何人都不能承受的。

我们每个人其实都知道只要自己做出了违法行为就有可能会受到法律的制裁，然而之所以依旧有人铤而走险，就是因为抱有侥幸心理，认为只要没人发现自己就能够逃脱法律责任。然而要想人不知，除非己莫为，我们做过的事情无论如何遮掩，真相都将最终水落石出，任何违法行为都是不能逃脱法律制裁的。

女儿考上大学，本是喜事一桩，确实值得庆贺，如果仅是邀请亲友聚聚，在自己家里摆上几桌，无可厚非，然而伊布村村委会主任邬某却想法不一样，想借为女儿办"升学宴"的机会违规收取礼金。

经群众举报后，他被镇纪委约谈，该"官"当场签署"承诺书"，取消办"升学宴"事宜。可这位村民眼中的"官"右手签字，左手违规，想法破茧出壳，采取瞒天过海战术，仅两天后便顶风作案，任性而为，公然做出违反中央八项规定之事，

大肆办"升学宴"，收取村民礼金，殊不知群众的眼里容不得沙子，他的这番行为又再次被群众举报，因为屡教不改，此番任性的结果便是受到了党内严重警告处分，对其违规收取村民的0.68万元礼金，由镇纪委退还给村民。

邬某在明知国家干部收取礼金是违法行为还铤而走险，并在被发现之后仍然再次以身试法就是由于侥幸心理在作怪。对于我们每个员工来说，如果在守法工作上抱着这种侥幸心理，那么等待我们的也将是法律的制裁。

然而侥幸心理几乎是我们每个人都会存在的一种普遍心理，要想克服这种心理的影响，让自己坚决贯彻遵纪守法的理念，就需要我们通过纠正认知、调适心理的方法将这种不良心理从我们的内心中根除。

（1）消除"差不多"心理，守法必须坚决。

有些时候我们之所以在工作中出现违法行为，究其原因是我们没有将守法做到极致，总是抱着差不多就行了的想法。然而在遵纪守法的问题上，差不多往往就等于差很多，任何一个微小的违法行为都会让我们为遵纪守法所作出的所有努力付之东流。要记住在法律面前永远没有差不多，只有遵守法律与触犯法律。面对遵纪守法问题，我们只能要求自己必须做到位，不能有一点疏忽和放松。

（2）始终保持清醒头脑，彻底贯彻守法意识。

大部分的员工大多时候都是能够以遵纪守法来要求自己的，然而当面对一些客观条件的影响时有些人就会头脑发昏，难以坚定做到遵纪守法了。例如，当面对重大利益的诱惑时，当自己的职业道路和人生面临重大抉择时。在这些时候我们往往会由于受到重大外界刺激的影响，从而让自己的头脑不再清醒，很容易做出违法乱纪的行为。因此，我们必须在日常的工作中就时刻提醒自己凡事都要做到遵纪守法，让守法意识彻底贯彻到工作中的每一件事中，这样我们才能够在受到重大外界刺激时仍然保持清醒的头脑，让自己无论如何也不会做出逾越法律底线的行为。

（3）未来不是"赌"出来的，脚踏实地踏踏实实地工作。

每个在职场中打拼的员工都希望能够通过自己的努力获得属于自己的成功。然而通往成功的道路是艰辛且漫长的，在实现成功的过程中有些人总会因为急于求成而努力寻找所谓的"捷径"。然而成功并不是靠"赌"就能够获得的，而是靠一步一个脚印的努力最终实现的。不要再迷信所谓的"搏一次就能终身受益"的侥幸心理，不能选择通过违法行为来缩短我们与成功之间的差距，这只会让我们与成功渐行渐远。

天网恢恢疏而不漏，在法律面前任何侥幸心理都是多余的，都是对自己有害无益的。只有克服这种侥幸心理，我们才能最大程度避免因此而做出违法乱纪的事情最终伤害自己。将守法的原则贯彻到底，只要我们自己不动摇，不误入歧途，成功就在不远处等待着我们。

5.时刻提醒自己，经得起任何诱惑

随着社会的不断发展和进步，我们工作和生活的环境也越来越开放，但是随之而来的还有种种诱惑和陷阱。现今的社会中充斥着对金钱、地位的盲目崇拜，而这或多或少也有可能影响我们每一个员工。

纵观很多在工作中违法乱纪的人，其背后的深层次原因大都离不开一个"利"字。有利益就有诱惑，很多人正是因为禁不起这种诱惑，最终一步步被利益带入了违法的深渊摔得粉身碎骨。我们每个员工在工作中也会遇到各种各样的诱惑，而能否抵御这些诱惑就成为我们能否始终走在遵纪守法正确道路上的关键。

　　要想让自己禁得起诱惑，坚决不做出任何违法行为，我们首先就必须明白通过违法行为获取的利益并不是真正的利益，只是会伤害我们的"陷阱"。真正的利益是应通过合法的手段正确获取的，正所谓君子爱财取之有道。如果我们发现自己身边的一些利益是在诱惑我们通过违法的手段获取它时，就必须保持十二分的警惕，因为一旦我们经受不住诱惑，那么非但不能因此获利，反而会深受其害。

　　当然仅仅警惕这些诱惑还是不够的，在我们已经发现这些危险的诱惑后，更要尽可能地远离它，跟它完全撇清关系。

　　　某家知名大公司欲用高薪为总经理雇用一名司机，应聘者近千人，经过层层筛选和考试后，剩下了3名技术最优秀的竞争者。

　　　由于他们在技术上不相上下，无法分高低，所以主考官决定用另一种考试来分出胜负。

　　　主考官问他们："悬崖边有块金子，你们开着车去拿，觉得距离悬崖多近时不会掉下悬崖呢？"

　　　"1公尺。"第一位脱口而出。

　　　"我觉得还是半公尺比较合适。"第二位小心谨慎地回答道。

　　"我会尽快地远离那个悬崖，越快越好。"第三位说道。

　　　结果第三个人被录取了。

　　每个人都有贪念，对于我们这些普通的员工来说这种贪念是很难完全根除的，因此当发现身边存在有可能让自己做出违法行为的诱惑时，最好的选择就是尽可能远离它。我们可以通过转移注意力，让自己不再对这种诱惑产生任何关注，从而削弱它对我们造成的影响。不管多么强大的诱惑，只要我们对它毫不在意，那么它也就无计可施了。

　　既然我们已经知道了必须要远离有可能让我们做出违法行为的危险诱惑，那么同样也必须尽量远离那些禁不起这种诱惑的人。在我们工作时，不妨留意一下身边的人，看是否有完全禁不起诱惑，经常为了一些利益而做出违法行为的人。一旦发现这样的人我们要立刻让自己远离他们。正所谓近朱者赤近墨者黑，这样的人会通过一次次违法而获取利益的行为对我们的心理产生潜移默化的影响。当我们看到其他人通过违法的方式轻而易举获取了利益并且暂时没有受到法律惩罚时，难免也会"动心"。只有我们远离这样的人，才能避免被这样的心理影响，也能够避免被他们用同样的方式诱惑。

在工作中时刻提醒自己，不要去碰那些永远不该碰触的诱惑，不要为了一点点利益以身犯险，赔上自己的一生。只有做到遵纪守法，我们才能够最大程度上获取那些真正属于我们的利益，才能够在这些利益的帮助下实现工作上的进步和生活上的提升。

6. 恪尽职守，避免职务犯罪

我们每个员工在企业中都身处不同的岗位，扮演着不同的角色，也承担着一定的责任。无论我们在什么工作岗位上，都应该做到恪尽职守，这是我们作为员工的基本义务，更是保证我们能够遵纪守法避免职务犯罪的关键。

一说到职务犯罪可能很多员工会认为这只是与领导岗位有关的罪责，这是对于法律的一种曲解。职务犯罪是指国家机关、国有公司、企业事业单位、人民团体及国家工作人员利用已有职权，贪污、贿赂、徇私舞弊、滥用职权、玩忽职守，侵犯公民人身权利、民主权利，破坏国家对公务活动的规章规范，依照刑法应当处以行政处罚的犯罪。因此，即便我们只是普通的员工，倘若不能在岗位上恪尽职守，也很有可能会触犯法律法规，形成职务犯罪。

对于每个员工来说，无论我们在企业中职位是高还是低，要想避免职务犯罪都必须从以下几个方面入手：

（1）善用手中权力，权不能大于法。

企业中不管是哪个岗位上的员工，为了更好地完成岗位工作，企业都会赋予一定的权力。而有些人尤其是一些拿到所谓"关键"权力的人，非但没有善用手中的权力，反而把这些权力当做为自己提供"便利"的手段，最终造成职务犯罪。无论我们拥有什么权力，都是企业在法律的许可范围内赋予我们的，与权力一同交付给我们的同样还有责任。因此我们在行使手中的权力时，一方面要以遵纪守法为前提，另一方面也要切实能够履行与权力相对应的责任。

（2）严肃对待岗位责任，玩忽职守罪责难逃。

对于每个员工来说，只要还在工作岗位上一天，那么我们就必须肩负起自己的岗位责任。如果因为我们疏于对岗位责任的坚守，对自己的工作不负责给企业带来了重大损失，那么也会造成职务犯罪，受到法律的制裁。

江苏省盐城市饮用水源保护区环境监察支队二大队原大队长崔建国，不认真履行环境保护监管职责，对市内一公司冷却水和废水外排等环境问题不闻不问，既不报告也不处罚；负责对该公司排污问题进行日常监管的盐都区环境监察局四分局原局长夏从海、原副局长蔡荣、原指导员刘恩山，对该公司长期存在的外排钾盐废水问题应当发现制止而未发现，特别是在2009年2月12日接到有关该公司违法排污的举报后，未予重视和及时调查处理，导致盐城市区饮用水源被严重污染，20多万居民生活用水停供66小时，直接经济损失543万元。

2010年4月，法院以环境监管失职罪分别判处崔建国、夏从海有期徒刑二年；判处蔡荣有期徒刑一年，缓刑两年；判处刘恩山有期徒刑六个月，缓刑一年。

遵纪守法的一个重要体现就是对工作中责任的肩负，只有我们能够切实以实际行动履行自己的职责，才能够真正做到在工作中遵纪守法。

（3）不该拿的利益坚决不要。

企业中的每一个工作岗位都有其在企业中的关键作用，而有些人不但没有肩负岗位责任发挥自己岗位的重要作用，反而利用职务之便给自己谋取利益。利用职务和权力谋取私利不但会让企业因此而受到损失，同样也会让我们违反国家法律，承担职务犯罪的后果。我们每个人都对利益有着向往和追求，但是那些本不属于我们的利益是不该拿也不能拿的。我们每个人都可以依靠自己的努力去获得属于自己的利益，而利用职务给我们带来的"便利"获得的利益只会让我们掉入犯罪的深渊。

在我们得到自己的岗位权力时，永远也不要忘记我们同样肩负着岗位责任。企业既然将一个职务交给了我们，就是对我们员工最大的信任。而如果我们辜负了这份信任，不但会让自己在企业中的形象一落千丈，更有可能让我们承担职务犯罪所带来的法律后果。

第四章

严守企业规章制度，维护企业"法律"从自身做起

如果说能够让社会这部"大机器"正常运转的是法律，那么让企业这部"机器"正常运作的就是企业中的"法律"——规章制度。作为企业中的一员，我们理应从自身做起维护企业的"法律"，严守企业规章制度，保证企业的正常运作和发展。

1. 企业规章制度就是企业内的"法律"

国家和社会需要依靠法律来维持正常运转，企业也同样需要"法律"来保证运作。企业中的"法律"实际上就是企业的规章制度，而作为员工我们每一个人都应当像遵守法律一样遵守这些规章制度，这是我们作为员工应尽的义务，也是我们得以实现与企业共同发展的根本需要。

在实际中，大部分的员工都是能够遵守国家法律的，毕竟违法行为是会受到严厉处罚的。然而对于企业规章制度，很多员工则不以为然，认为这只是企业为了发展而束缚员工的"枷锁"，而且即便违反了规章制度最多也就是受到批评或扣一些奖金之类"不疼不痒"的处罚，因此对于遵守企业规章制度抱着"无所谓"的态度。

然而虽说企业规章制度并不像法律那样具有强大的强制力和惩罚力度，但是这并不代表着我们就可以不尊重它、不遵守它，因为首先来说遵守企业规章制度无论对于企业的发展还是我们自身的职业发展都有着至关重要的作用。

第一，企业规章制度是保证企业正常运作的根基，只有得到员工的遵守和维护才能给企业带来发展，企业发展了，身在企业的员工也才有自身发展的机会。一个企业有着庞大的组织结构，就好像一个小"社会"，如此庞大的组织当然需要一定规则对每一个环节进行把控，这样才能够保证企业正常运作。如果企业中的每一个员工都能够遵守企业的规章制度，那么企业在各个环节的工作上就能够更加顺畅，员工之间也才能产生合力，共同实现发展。

第二，遵守企业规章制度是保证我们更好地完成工作的前提。企业中很多规章制度都是对以前生产经验的总结，是为了帮助我们规范生产行为以达到更高安全性和更高效率的指导意见。对于每个员工来说，遵守企业规章制度能够大大提高我们的工作成绩，最起码也能保证我们在工作中的安全。

第三，只有遵守企业规章制度，我们才能够真正肩负起自己的岗位责任，调动起我们的责任心。不管从事什么样的工作，要想做得出色就离不开高度的责任心。如果我们连遵守企业规章制度这最起码的员工义务都做不到，那么也不可能对企业和自己的工作有多少责任心，自然也不可能在岗位上做得出类拔萃。通过遵守企业规章制度能够让我们铭记自己在岗位上的责任，并用行动去肩负起这份责任，自然也就能让自己在工作中发挥更大潜力，实现更高价值。

当然，企业规章制度毕竟不是真正的法律，要想做到把它当做法律一样去遵守，就需要我们员工在心中将它提升到更高的高度。

首先，我们要知道违反企业规章制度与违反法律一样都会给自己带来严重后果。

有些人之所以不把企业规章制度当回事，究其原因还是觉得自己即便违反了企业规章制度也不会像违反法律那样给自己造成特别严重的后果。其实不然，无数惨痛的教训都证明了，违反企业规章制度轻则能让我们的工作遇到重重困难，重则甚至会威胁到我们在工作中的生命安全。例如，如果我们在作业现场违反安全规章违规操作，很可能带来巨大事故危及我们的生命。相比于法律，企业规章制度本身的惩处力度可能确实不足以让我们胆寒，然而想想违反它给我们带来的隐患和后果其实同样让我们难以承受。

其次，要告诉自己，违反企业规章制度离违反法律只有一步之遥。

如果我们去看一些企业员工违法的案例就不难发现，很多违法行为都是从违反企业规章制度开始的。当我们去尝试违反企业规章制度时，就会在心理上产生一种破坏规则的畸形满足感。随着这种破坏规则后产生的快感蔓延到我们内心深处时，我们就会丧失最起码的守法原则和守法意识。当破坏企业规章制度已经无法满足我们的内心时，就会铤而走险去尝试违反法律。当我们想要违反企业规章制度的时候一定要告诉自己，我们已经身处违法的悬崖边了。本着严格守法的原则，我们也必须严格遵守企业规章制度，这样才能够让违法行为永远不会发生在我们身上。

最后，我们要像尊重法律一样对企业规章制度给予足够尊重。

把企业规章制度看做是枷锁和束缚是一种错误的认知，其实企业之所以制定规章制度正是为了员工能够在更好的企业环境下把更多精力投入到完成工作实现个人发展上。因此，我们应该充分理解企业的初衷，对企业规章制度给予足够尊重。只有我们像尊重法律的权威性一样尊重企业规章制度的权威性和科学性，我们才能够真正从心底愿意做到遵守企业规章制度，从而在行为上主动进行自我约束。

国有国法，家有家规。在企业这个"大家庭"中，企业规章制度就是我们的"家规"。我们要像遵守法律一样去遵守企业的规章制度，才能真正做到遵纪守法，让自己与企业实现共同进步，共同发展。

2. 勿把违规行为当成创造业绩的"捷径"

在一些员工看来业绩是体现自身价值的最重要的评判标准，是获得更丰厚回报的最主要的衡量途径，因此盲目地追求业绩，为了提升自己的业绩无所不用其极，甚至不惜在工作中违反企业规章制度，试图找到突破业绩"瓶颈"的"捷径"。

为了提升业绩而努力对于每个员工来说确实都无可厚非，为了突破业绩"瓶颈"去寻找更好的方法也是提升工作效率的重要技巧。然而在找方法的过程中我们绝不能误以为违反一些企业规章制度是一条"捷径"，它非但不能让我们的业绩突飞猛进，反而会给我们带来无穷后患。

　　随着信用卡实名制的普遍推行，作为银行员工的余某遇到了业绩的瓶颈，来找自己办理信用卡业务的人越来越少，面对这种情况余某心急如焚，想尽各种方法去挽回自己业绩上的"损失"，甚至不惜违反银行相关的安全制度规定。

　　余某 2010 年在平安银行工作的时候，认识了北京银行某支行的客户经理赵某。双方都在为银行有办信用卡的任务无法完成而苦恼。于是赵某就问余某有没有客户信息，说只要互相交换客户信息就能够通过这些信息虚办信用卡以提升业绩。余某认为这确实是一条提升业绩的"捷径"，于是欣然答允。

　　余某在平安银行工作的时候，有客户会找他办信用卡，客户的信息包括身份证以及复印件和收入证明等，他都会偷偷地用数码相机拍下来，与赵某交换新的客户信息。

　　在得到这些信息后，余某每次都从北京银行直接拿到申请表，照着自己收集的个人信息资料或者赵某提供的信息，填写好申请表，直接交给北京银行办理信用卡。用这种方法余某从 2010 年 4 月到 2011 年年底，一共虚办了 600 余张信用卡提供给非法中介和担保工作，大大提升了自己的业绩。2012 年 4 月，北京银行才发现有信用卡账户异常交易，7 月 11 号向警方报案。

　　据北京银行提交的证据显示，银行首先发现有 50 多张信用卡都是通过 ATM 机频繁套现，经过进一步核查，竟有几百个关联账户信用卡都存在套现的情况，这些卡都是由北京银行内部员工通过非法程序办理的。经过对员工的询问之后，得知这个人正是余某。经核查，这几百张被冒名办理的信用卡最终失控流入到不法分子的手中频繁套现，给北京银行造成了 200 多万

元的经济损失。而余某也因此被单位开除，并受到了法律的严
厉处罚。

～～～～～～～～～～～～～～～～～～～～～～～～～

为了业绩不择手段，通过违反企业规章制度去提升业绩只会给我们
的工作带来巨大的隐患，甚至会因此触犯法律。我们每个员工之所以希
望努力提升自己的业绩，正是为了证明我们的价值，而倘若违反了企业
的规章制度，那么我们所创造的业绩实际上就一文不值了，一个随意违
反企业规章制度的员工对企业也不可能有任何价值。

要想摆脱业绩的"诱惑"，让自己坚持遵守企业规章制度的原则，那
么我们就必须在日常工作的一点一滴中时刻提醒自己，规范自己的行为，
把遵守企业规章制度当作做好任何工作的前提。

（1）要认清通过违规获得的业绩是虚假的，禁不起时间考验。

有些员工之所以会选择违反企业规章制度来创造业绩，还是由于看
到了这样做能够在短时间内简单地让业绩呈现迅猛增长这一好处。然而
仔细想想，当违规行为败露之后，这些业绩也就不复存在了。不要认为
自己的这些"小伎俩"能够瞒天过海，随着时间的推移，违规行为早晚
有被发现的一天。而到了那时候不要说业绩，甚至连最基本的工作岗位
都会保不住。没有任何一个企业会留下一个依靠违规行为来创造业绩的
员工，让他成为企业的隐患。

（2）努力让自己更加勤奋，别因懒惰产生的投机取巧心理而犯错。

在工作中采用违反企业规章制度的行为来提升业绩，懒惰可以说是
罪魁祸首之一。有些人因为不愿在工作中付出艰苦的努力，但是又不希
望自己的业绩太过惨淡，于是就总想投机取巧，把违反企业规章制度当
做能够让自己省时省力提升业绩的"捷径"，最终却害了自己。只要我们
在工作中保持勤奋的态度，那么我们就不需要通过违反企业规章制度来
追求业绩，靠我们自身的努力就能够达到，自然也就不会采取这种错误
的方式给自己和企业带来双重危害。

（3）更正自己的认知，企业规章制度并非业绩的"拖累"，而是能

帮助我们真正提升业绩的好帮手。

如果要问在工作中如何才能够真正提升业绩，提升我们自己的价值，那么肯定是做出毫无隐患和漏洞的工作成果。如果想要做到这一点，我们首先就必须遵守企业的规章制度。只有这样我们在工作中才能不制造任何隐患，也无需为了处理因为违规造成的麻烦让自己手忙脚乱效率低下。如果我们仅仅是为了追求眼前的业绩而做出违规行为，那么一定会在之后忙于"擦屁股"，这无疑对提升业绩没有帮助。

在企业规章制度框架内创造的业绩才是真正的业绩，才真正能体现每个员工的价值，让他人刮目相看。把眼光放长远，不要仅仅盯着眼前的那一点业绩，为了业绩不惜违反企业规章制度是舍本逐末的愚蠢行为。有时我们认为的"捷径"恰恰是我们职业道路上的"险径"，只有脚踏实地让自己不误入这些"险径"，我们才能在这条充满艰辛的职业道路上更快、更安全地抵达成功的目的地。

3. 越有经验越要遵守规章制度

在工作中，有时会发生这样的现象：越是在岗位上工作经验丰富、具有较强工作能力的员工，越是出现一些违反企业规章制度的事情。按理说他们并不需要通过违规这一"捷径"来实现工作业绩的突破，那么又为何做出违反企业规章制度的事情呢？

其实在这背后有一个一直以来被我们当成做好工作最得力"帮手"的元凶，那就是经验。很多员工在有了丰富的工作经验后就认为自己有能力采取一些存在风险的方法去更快完成工作，认为企业规章制度只是给初来乍到的"菜鸟"提供指导的，对于自己并没有什么帮助。自己完全可以凌驾于规章制度之上，只需依靠自己丰富的工作经验就能够避免因违反规章制度而产生的隐患。

然而无数事实证明这只是"聪明反被聪明误"的做法。无论我们有多么丰富的经验，如果不遵守企业规章制度，那么都会给自己的工作带来无穷隐患。当问题真正发生的时候，我们就会发现自己的经验并不能力挽狂澜，最终受害的只是自己。

张超是一名在机床工作岗位上拥有十多年工作经验的老员工了，在平日里他的工作本本分分，业绩颇为卓著，连续多年被评为企业的安全生产标兵。然而这一名誉却随着一次事件彻底丧失了，同样随之而去的还有他的左臂。

一天，张超与同事一起在操作机床时发现异常的响动，凭借他多年的工作经验，他认为是机床传动齿轮上的润滑油槽可能出现了泄露，于是准备打开机器进行查看。此时与他一同工作的同事提醒他应该先切断电源，这样才能避免出现安全隐患。谁知他不以为然道："对于你们这样缺乏经验的新手才需要切断电源，我经验丰富得很，从来不需要切断电源也能完成对机器的检修。"于是他不顾企业安全生产规章制度的要求，在机床尚在工作时就打开了检修端口。

意想不到的事情发生了，由于张超那天穿的是一件尺寸并不算太合适，袖口有些长的工作服，工作服的袖口被高速运转的齿轮绞住，巨大的力量连同袖子和他的左臂一起拖入了机床内。随着一声撕心裂肺的叫喊，张超的左臂完全被传动齿轮碾碎。在一旁的同事在惊愕之中赶紧停止了机器的运转。可是为时已晚，送到医院经过抢救，张超的生命虽然保住，左臂却只得从肩膀处完全截肢。

也许我们很多员工并不在一线车间这样危险的地方从事工作，然而倘若我们因为自己有丰富的经验就不遵守企业规章制度，那么也一定会给自己的工作带来巨大隐患，造成无法挽回的遗憾。

经验对于我们每个员工来说都是"宝贝"，它能够让我们有所借鉴，更好地完成今后的工作。然而我们也必须时刻提醒自己，不要因为有经验就对企业规章制度熟视无睹，否则再多的经验也救不了我们自己。

要想做到不被"经验主义"的错误思想所控制，做出违反企业规章制度的行为，我们就必须要做到以下的几个关键点：

（1）要正确客观看待自己的工作经验，经验不能代替企业规章制度。

对于有着丰富工作经验的员工来说，我们要知道自己的工作经验也是在遵守企业规章制度的前提下所积累起来的。因此不要轻易地用自己在遵守规章制度所积累的经验去尝试违规工作，这往往只会给我们带来无穷隐患。此外，企业规章制度正是建立在对无数经验和教训进行总结的基础上制订出来的规则，我们个人的经验相比它来说就少得可怜了。因此，我们每个员工都应该把遵守企业规章制度作为第一原则，不要盲目相信自己的经验。

（2）要深刻意识到，只有遵守企业规章制度才能从根本上避免错误的发生。

如果说经验能够让我们在错误出现的时候尽力去弥补它，把自己和企业的损失降到最低，那么遵守企业规章制度就能够从根本上避免错误的发生。相比之下，孰高孰低一目了然。与其等待错误的发生再去用我们的经验弥补，不如从一开始就选择遵守企业规章制度，避免在工作中出现错误。无论我们在工作岗位上的经验丰富也好匮乏也罢，都应当把遵守企业规章制度作为最后一道"保险"，坚决不去逾越它。

（3）用理性去控制自己的行为而非经验。

很多时候我们之所以会犯"经验主义"的错误，违反企业规章制度，是由于我们已经被这种错误心理控制了我们的行为。在工作中只有对自己的行为进行理性分析，我们才能够做出最正确的选择。无论在做任何事时，都要提醒自己首先遵守企业规章制度才是把工作做好、做得有效率的前提，而经验只是帮助我们进一步提升工作成果的"帮手"。在工作中我们要以自己的理性为主，以经验为辅，只有这样才能避免受到"经验主义"的误导，做出违反企业规章制度的行为。

把自己的经验凌驾于企业规章制度之上，这绝非一个有经验员工做出的决定。遵守企业规章制度是体现每个员工在工作中具有丰富经验和能力的前提，也是保证我们工作效率和工作安全的基础。

4. 克服从众心理，遵守规章制度是为了自己

在实际工作中我们可能会发现这样的现象存在：当有很多人在工作中违反了某项企业规章制度时，其余人不但不会阻止这种行为或是坚持遵守规章制度，反而会一起加入违规的行列，这就是"从众心理"。

我们每个人都是社会集体中的一分子，都具有社会性，自然也就希望能够尽量融入自己身边的环境与氛围。因此，当很多人都发生同一违反企业规章制度的行为时，我们的"从众心理"就有可能让自己不自觉地也加入到这个行列中，即便我们知道这是不对的。

然而我们必须意识到，遵守企业规章制度是为了我们自己更好地完成工作，为了自己不在工作上犯严重的错误，给自身和企业造成损失，我们必须努力去克服违反企业规章制度的"从众心理"。

孙某出身贫寒，从部队转业不久，很快升为广州某区人防

办综合科科长。他在工作中常与包工头、开发商打交道，看着那些包工头开名车、住洋楼，吃喝潇洒自由，心理不平衡，认为自己的文化、能力不比他们差，为什么到头来连装修房子的钱都没有。

后来他发现与他职位相近的人并不像他过得这样"贫寒"，他们同样也体验着酒池肉林的生活，经常出入高档娱乐场所，这让他百思不得其解。经过一段时间的观察他终于发现了其中的"窍门"。原来其他官员都会利用职务之便，收取开发商、包工头的礼金，然后给他们提供一些所谓"便利"，例如在招标过程中做做手脚，在签订合同时故意抬高价格等。

虽然孙某深知这样的行为是违规、违法的，然而他却想：既然大家都这么做，这就是"潜规则"，我也可以如此。

于是孙某利用职权向开发商索贿55万元，给开发商从政府招标中屡开"后门"，内定中标者。然而不久他的这一行为就被纪检部门发现，等待他的也将是法律的制裁。

作为一名员工，无论我们是否因受到他人影响而做出了违反企业规章制度甚至违法的行为，只要违法了就不能逃脱法律的制裁。在工作中，我们应当坚定自己的信念，对的就是对的，违反企业规章制度的事情就是不能做的，无论有多少人在做，我们一定要洁身自好。

当然，"从众心理"的根源来自于我们每个人固有的社会性，因此想要避免受到这种心理的影响并不是一件容易的事情，我们需要建立正确的认知观念，并让这种观念在心中占据主导地位。

（1）纠正"法不责众"的错误想法。

很多时候，我们之所以会受到"从众心理"的影响参与到违反企业规章制度的行为当中，并非不知道违反规章制度是错误的，而是抱着"法不责众"的心理，认为自己跟随大家一起做出违规行为就不会受到处罚。然而违规就是违规了，无论有多少人，相信企业也一定不会放任和姑息。有些时候之所以还没有受到惩罚，只是企业还没有找到合适的切入点去制止和惩罚这种违规行为的实施者。因此，不要再相信所谓的"法不责众"，犯错了就要承担责任这是最起码的"常识"，也是我们作为一名企业员工所必须承担的责任。

（2）遵守企业规章制度是为了我们自己，而不是为了他人。

当我们看到有很多人都在违反企业某项规章制度时，我们应该告诉自己：遵守企业规章制度是为了自己在工作中能够做得更加出色，避免造成隐患。那些违反企业规章制度的人最终都会承担相应的后果，而我们完全没有必要为了融入这些本就在犯错的人而牺牲自己的前途。作为理性的员工，我们时时刻刻都要为了自己的职业生涯和所在企业的发展考虑，而不是盲目跟随他人犯一些本不该犯的错误。

（3）要在心中建立正确的价值观，大家都在做的事情不一定就是对的事情。

我们每个员工在工作中都应该努力建立正确的价值观，要有判别是非的能力，而不是完全受到他人影响和左右。对的事情就是对的，错误的事情也不可能由于很多人都在做而变成对的。遵守企业规章制度是每个员工最起码应尽的义务，即便有再多人违反企业规章制度，我们也不能把这种行为当做是理所应当。只有坚定自己正确的价值观，不受不良风气的影响，我们才能脱颖而出，成为工作岗位上的佼佼者。

如果看到有一群人集体向着有去无回的"深渊"前行，我们是否也要加入其中？答案当然是否定的。那么即便我们身边的很多人都在违反企业规章制度，我们也要克服"从众心理"的影响，坚持自己遵纪守法的信念。违规的歧途上再熙熙攘攘我们也无需羡慕，遵纪守法的正途上哪怕再孤独也要坚持走下去。

5. 消除抵触情绪，规章制度并非"枷锁"

我们每个员工要想真正掌握自己的职业生涯和人生前途就必须冲破许多"枷锁"的束缚。然而在这一过程中，有些人却错把企业规章制度当做了限制自己工作发展的"枷锁"，即便他们已经发现违反企业规章制度并不能让自己获得什么好处，却依旧固执地认为正是由于各种规章制度的束缚才限制了自己的发挥。

有些时候我们之所以会去违反企业规章制度，正是这种抵触情绪在作怪。而这种情绪的产生与我们没有建立正确的认知、保持良好的心态有着重要关系。倘若我们任由这种抵触情绪发展，在工作中不断违反企业规章制度，那么最终我们非但不能冲破这所谓的"枷锁"，反而会被自己对企业规章制度的错误情绪所深深桎梏，严重影响我们的前途。

当然，要想消除心理上对企业规章制度的抵触情绪，我们就必须对企业规章制度有正确的认识，同时努力调整自己的心态，认识到企业规章制度对于我们的重要作用，把它当做我们工作中的"朋友"而非"敌人"。

（1）认识企业规章制度对于我们的积极作用。

很多人之所以对企业规章制度充满了抵触情绪，正是因为没有积极地去认识它，反而总是消极地看到它对于我们行为上的限制。然而如果我们仔细分析就不难发现，无论企业规章制度对于我们行为的哪一种限制，其出发点都是为了我们能够更好地完成工作，避免一些工作上的错误和隐患。当我们能够看到企业规章制度给我们工作带来的积极帮助时，抵触情绪也就自然而然消失了，我们也就更愿意去遵守规章制度。

（2）正确处理企业规章制度给我们带来的压力。

不可否认，企业规章制度确实会给我们带来行为上的限制，而这些限制会给我们造成压力。当然，如果我们能够正确处理这些压力，这根本就不是什么大问题。每个人都有趋利避害的心理，当压力出现时，往往也有可能通过逃避来削减压力。当我们受到来自于企业规章制度的压力时，破坏和违反它就成为了一种释放压力的手段。然而这种手段给我们带来的问题往往比解决的压力更大。其实我们不妨试着用一些更科学、正确的方法去缓解这些压力。例如我们可以想一想，之所以会感受到企业规章制度给我们带来压力，是否是我们的工作能力还不够强，工作经验还不够丰富，工作方式过于单一呢？企业规章制度经过无数次的修订，基本上已经对曾经的经验教训做出了充分客观地总结，因此我们不要从规章制度上去寻找原因，更应该从自身出发，找到导致压力的自身根源。这样我们缓解压力就无需通过违反企业规章制度的途径。

（3）要认识到自由只是相对的，有规矩才有自由。

有些员工可能会觉得在工作中遵守企业规章制度是对自己自由的限制，这其实是由于我们对自由这个概念没有正确的认识。我们每个人都渴望自由自在的工作，然而殊不知自由恰恰是建立在规则之上的。倘若一个企业没有任何规章制度，那么我们反而会被更多的麻烦所束缚，绝对谈不上自由。所谓自由其实就是在一个规定的框架内获得最充分的自主权，如果没了这个框架，与其相对的自由也就不复存在了。

企业规章制度建立的目的是为了员工能够在更和谐的工作环境中获得更好的工作体验，进而将全部精力放在工作本身之上，让企业与自身都获得更好发展。规章制度的建立绝不是为了限制，相反是为了让我们更好地发挥自己的能力。因此，别再把规章制度当做"枷锁"，束缚我们的并不是企业的规章制度，往往是我们自己狭隘的认识和不良心态。

6.常给自己提个醒，让企业规章铭记于心

我们大部分员工之所以能够做到遵守国家法律，并非因为我们从来没有产生过违反法律的念头，而是这些念头刚一产生，我们就会用违反法律的后果去提醒自己，用我们所具有的法律知识去警醒自己，一旦做出违法行为将要承担严重后果。同理，当我们违反企业规章制度时，往往就是因为忽略了在心中提醒自己，要像遵守法律一样遵守企业的规章制度。

我们之所以更容易忽略提醒自己遵守企业规章制度，一方面是相比于违反法律，违反企业规章制度所受到的惩罚要轻得多；另一方面也是因为我们对企业规章制度的重视程度还不够大。我们已经知道，违反企业规章制度与违反法律一样都会带来严重的后果，因此从现在起我们也应当时常在心里提醒自己，遵守企业规章制度，把企业规章铭记于心。

当然，如果仅仅靠说，我们员工可能还是无法做到将企业规章制度铭记于心。因此，我们还需要在日常工作中采取一些方法，让自己出现违反企业规章制度念头的时候同样能够立刻警醒起来，打消这种错误的念头。

（1）将企业规章制度"摆在眼前"。

每个员工都有自己的工作岗位和工作区域，如果我们能够把企业规章制度摆放在自己的工作区域里，让自己时刻能够看到它，那么无异于时刻在提醒自己，遵守企业规章制度是一切工作的前提。我们可以把自己岗位应该遵守的企业规章制度以书面形式摆放在自己一眼就能看到的地方，例如自己的办公桌上；或者我们可以用概括、浓缩的一句标语悬挂在自己的工作场所，提醒自己遵守企业规章制度，将企业规章制度铭记于心。

（2）以违反企业规章制度带来不良后果的反面事例提醒自己。

当我们产生违反企业规章制度的念头时，打消这种念头的一个好方法就是让自己立刻意识到这样做所带来的严重后果。也许我们自己在工作中并没有出现过因为违反制度而造成不良后果的情况，那么不妨用其他一些反面事例来告诫自己。当意识到违反规章的行为不但不会给我们带来好处，反而会造成恶果时，我们自然也就会放弃这种想法，从而避免违规行为的发生。

（3）约束"本我"，坚持"自我"。

所谓"本我"实际上就是我们内心深处不受任何约束情况下最真实的自己，而"自我"则是我们处在社会规则、法律和企业规章制度约束下所形成的人格特质。我们每个员工只要在企业中工作，就必须受到企业规章制度的约束。而有时我们之所以违反它，就是因为我们让自己的"本我"失去了控制，从而取代了"自我"的主导地位。要想避免这种情况发生，我们就必须学会在关键时刻对自己进行心理暗示，让我们不管在受到何种外界刺激时都能处变不惊，不去激发那个最"原始"的自己——为了达到目的而破坏企业规章制度。

在日常的工作中当我们发现自己的某些想法不符合企业规章制度的要求时，就要告诉自己这种想法是错误的，是必须克服的。直至违反企业规章制度的想法彻底消失，我们都必须坚持不停暗示自己。这样我们就能够做到时刻约束自己的"原始冲动"，以理智代替感性思考，避免出现违反企业规章制度的行为。

当我们的心中冒出了违反企业规章制度的念头时，立刻提醒自己作为一名优秀企业员工我们必须履行的义务和责任，必须贯彻的原则和底线。当我们一次次抑制住违反企业规章制度的念头和冲动时，也就在一次次强化自己的遵纪守法意识，让自己成为一名严格遵守企业规章制度的榜样员工。

第五章

生活中绝不违法，把自己的一切行为都放在法律之后

在生活中无论我们扮演着什么样的角色，都不能凌驾于法律之上，都不要试图挑战法律的权威。只有凡事以遵纪守法为先，把自己的一切行为都约束在法律的框架之内，我们才能够真正过上幸福美满的生活。

1.生活琐事也需谨遵法律

前面已经讲了在工作中如何做到遵纪守法，相信绝大部分员工能够做到。然而除了在工作中需要遵纪守法外，在生活上我们也绝不能放任自己，哪怕在最微不足道的生活琐事上，我们也应该做到谨遵法律。

在很多时候，我们员工都能够以最严谨的态度来对待工作中遵纪守法的问题，而一旦走入个人生活，却在守法之事上"大大咧咧"，对一些生活琐事中的违法行为不以为意，最终让自己追悔莫及。

一年前，谢某建了个微信群，人数众多，谢某也曾沾沾自喜。不知从什么时候开始，有人开始在他的群里传黄色视频。他真的没当一回事，觉得不过是大家发着玩，逗一时开心而已。几个月前，张某加入了谢某建立的群，三个月不到，竟然传发了120多个黄色视频，后被警方的网络监管部门发现。张某触犯刑法，被判传播淫秽物品罪。谢某作为群主，因为没有阻止群友传播黄色视频，没有负起监督管理的职责，与张某构成了共同犯罪。

邹某患高血压多年，平日里要吃不少药。邹某参加的城镇职工基本医疗保险，药费报销比例少，丈夫老周的医保卡能报销更多。为省钱，邹某让女儿小周，拿着老周的医保卡去医院给自己买药。小周用父亲的医保卡先后为母亲买药34次，报销药费11376.64元。

案发后，邹某和女儿退缴赃款11376.64元，并被人力资源和社会保障局处以罚款 22753.28 元。法院以诈骗罪分别判处母女俩拘役 3 个月，各处罚金 2000 元。

徐某的丈夫是某集团员工，派遣到国外工作期间患病，回国医治一年后死亡。徐某对丈夫单位的善后处理不满，多次非正常上访，被当地公安机关查处并训诫 1 次。后来善后处理问题与单位达成协议，徐某在协议上签了字，领了补偿款。事后，徐某又反悔，又多次到非信访接待场所上访，公安机关对其处以行政拘留。但徐某仍不悔改，又一次非正常上访，最终被法院以寻衅滋事罪判刑。

这些行为可能在我们的生活中也见到过，甚至发生在自己身上，然而我们可能根本没有意识到这些生活琐事上的行为如果处理不得当也同样有可能触犯法律，让我们受到法律的制裁。可见，我们每个员工都不该忽略在生活琐事上对自己的行为进行约束，否则一不小心我们就有可能越过法律的"红线"。

要想做到在生活琐事上严格遵守法律，我们首先就必须知道哪些事可以做，哪些事不能做，要知法、懂法。很多时候我们之所以在生活琐事上触犯了法律，多半还是因为自己根本不知道自己的行为已经超过了法律的许可范围。因此，我们在平日的生活里必须加强对法律知识的学习，尤其是对一些关乎生活琐事和细节的法律认真了解。这样我们才能够避免自己在这些"小事"上摔跟头，走上违法的道路。

其次，我们要意识到，再小的违法行为也是违法，也会给我们带来不良影响，不能因为违法行为情节较轻就不当一回事。在生活中，有些人其实明知自己的某些行为是不符合法律规定的，但是依旧堂而皇之地去做，就是因为从心底根本没有认识到无论违法行为情节轻重，它对我们都会产生恶劣的影响。试想，如果我们在平时的生活琐事上都不注意遵纪守法，那么就会因此而产生一种法律并不一定要遵守的错觉，就不可避免地在一些重大的事情上同样抱着侥幸心理去以身试法。

最后，我们要让自己养成遵纪守法的好习惯，不纵容自己任何一次违法行为。要想在每件生活琐事上都做到遵纪守法，那么我们就必须养成在任何事上都不纵容自己违法行为的好习惯。只有杜绝"第一次"的发生，我们才能够彻底避免违法行为接二连三地出现。只要突破了这个"第一次"，接下来我们就很可能让自己的违法行为成为一种习惯，最终铸成大错。

在生活中的每一天，我们都要面对各种各样的生活琐事。只有以高度的守法意识做到在每一件小事上遵纪守法，我们才能够保证自己在生活中不会因为违法行为而最终导致悲剧的发生。约束自己的一言一行，在生活中的每件事上打起十二分的警惕，坚决不逾越法律的底线，我们的生活才能够平稳、安全地向着美好的未来进发。

2. 邻里冲突以法化解

俗话说：远亲不如近邻，近邻不如对门。我们每个员工都希望自己有一个和谐的邻里关系。然而正因为生活空间如此接近，邻里之间也难免会产生冲突，夫妻之间尚且会因为生活琐事吵架，更何况邻居。当邻里冲突这一再平常不过的生活"小事"发生时，我们也一定要提醒自己在解决冲突的过程中要依法、尊法。如果因为邻里冲突而做出违法的行为，那本来只是小事一桩的邻居拌嘴很有可能也会造成严重后果。

可能有些人会觉得，邻里之间的冲突正常情况下并不会造成什么需要承担法律责任的严重后果，然而事实却一次次证明，有些严重的违法行为起因正是邻里之间的一次争吵。这些小小的纠纷背后可能有着更深层次更复杂的原因，而纠纷很有可能成为激发更大矛盾的"导火索"，进而造成冲突当事人情绪的失控，从而失去理智做出违法的行为。

2015 年 2 月 5 日晚上 11 时，贾悦镇的徐明（化名）被一阵吱吱的电动车喇叭声吵醒，心里很恼火，"是谁这么没有素质，大晚上了这么一阵按喇叭？"2015 年 2 月 6 日早上起来后，徐明像往常一样在院子里收拾卫生，正好遇到邻居胡星（化名），就问道，"昨晚是谁大半夜不睡觉，那么一阵按喇叭？"胡星说，"还有谁啊，就咱村那个大祸害王栋（化名）。"两个人抱怨了一阵就各自干活去了，没想到这话阴差阳错传到了王栋耳朵里。

王栋今年 40 岁，整日酗酒，逢喝必多，逢喝必醉，喝醉后就打人，妻子和父母都被打跑了，渐渐村里的人也疏远了他，王栋就在自己家里喝，每天晚上喝完酒之后就骑着电动车到村里挨个胡同乱窜，到处按喇叭。胡星和徐明抱怨他这事传到王栋耳朵里之后，王栋非常火大。2015 年 2 月 8 日晚上，王栋在家喝完酒后来到徐明家门口叫骂，徐明忍不住就开门对骂，王栋上前对着徐明的脸就是一拳，胡星听见外面有争吵也出来了，王栋又上前要打人，胡星赶紧关上门报了警。目前，王栋因为殴打他人，被行政拘留 7 日，罚款 500 元。

可见，邻里纠纷的处理如果不恰当，很有可能就会触犯法律，造成更严重的后果。要想避免这一情况的发生，不让"小冲突"升级为"大问题"，我们就必须在自己与邻居发生冲突时学会以法化解。

（1）少做争论学会"冷处理"，让法律论是非。

很多时候邻里冲突之所以升级，就是因为冲突双方各执己见，都认为自己是正确的一方，谁都不服谁，最终导致更大的冲突。其实在发生邻里冲突时我们不妨学会"冷处理"，避免在双方情绪都十分激动的情况下去争论。我们可以及时报警，让警方依照法律来做出最公正的判断。

法律的公平性是我们每个人都认可的，因此通过法律进行判断而得出的结论往往也是大家都能够接受的。这样就避免了无意义的争吵导致情况的恶化，从而也就避免了违法行为的出现。

（2）再生气也不能做出违法行为。

当我们与邻居发生争吵时，难免会怒不可遏。当愤怒的情绪占据我们的内心时，往往会让我们做出一些不恰当的行为。但是无论如何愤怒，我们也必须在心中清醒地提醒自己，不要做出任何违法的行为，否则无论我们再有理也会成为没理的一方。当我们因为愤怒想要采取一些行动时，我们首先要判断自己的行为是否会损害他人的利益或生命健康；另外我们还必须考虑这种行为是否在法律赋予我们的权利范围之内。如果我们的行为可能会伤及对方的利益或生命健康，亦或者已经超出了法律赋予我们的权利范围，那么我们就要立刻打消采取这种行动的念头，否则抛开事情本身的对错，等待我们的一定是法律的制裁。

（3）面对对方的不理智违法行为，及时报警是我们最该做的。

在发生邻里冲突时，可能我们一开始并没有做出任何违法的举动，然而对方却率先产生了违法行为。此时我们最该做的就是立刻报警，而绝不能私自处理，甚至以其人之道还治其人之身。对于邻里冲突来说，无论是谁先做出的违法行为，只要存在违法行为就都将会被法律追责。我们绝不能以"他先违法，我当然也可以以同样的方式保护自己"为由做出违法行为，否则同样会受到法律的处罚，甚至会导致事态彻底失控造成不可挽回的损失。

邻居就好像没有血缘关系的"亲人"，正所谓远亲不如近邻。当我们在与这些生活中最亲近的人发生冲突时，更应该牢记法律的底线，通过法律途径正确解决邻里之间的纠纷。只有这样才能够在化解邻里冲突的同时，既不会伤害彼此之间的权益，也能够最大程度上保持彼此之间的感情。

3. 用法管住自己的"嘴"，言论自由有底线

随着我们社会的不断发展和开放程度的不断提高，现如今对于"说话"的限制已经越来越少，我们的言论自由也达到了空前的高度，再也不会出现"说错话，掉脑袋"的情况了。然而我们在享受着言论自由的同时，也必须学会用法管住自己的"嘴"，言论自由并不代表我们可以口无遮拦。

在我们员工中间存在着这样一种误区：我想说什么就说什么，否则就是我的言论自由权利受到了侵害。桥归桥路归路，一码归一码，把打击违法言论与妨害言论自由划上等号，恰恰折射出少数人对言论自由的认识误区。在他们眼里，言论自由就是绝对自由、绝对权利，什么话都可以说而不必顾及社会后果。一些掌握一定话语权的人更是拿着"只照别人不照自己"的手电筒，坐在道德与法律不能触碰的"金钟罩"里，享有言行上的豁免权，即便违了法、犯了罪，也说不得、碰不得。否则，就是"侵犯言论自由"。

然而法律是不会允许这样的情况出现的，如果我们口无遮拦，大肆传播非法言论，同样会受到法律的制裁。

李大德是江西省的一名普通农民，由于生活状况不佳，并且始终无法得到改善，于是他开始变得仇视社会，多次在邻里间传播一些非法言论。一次，他在电话中扬言要"炸毁京九铁路"被他人反映给了公安机关，而他也为自己的"口无遮拦"

付出了沉重的代价：法院以"编造虚假恐怖信息罪"对其判处有期徒刑1年零6个月。

湖北人朱某因多次到杭州"好又多"超市应聘未成怀恨在心，用电话拨打"110"声称要炸超市，法院经审理后认为，朱某犯罪事实清楚，其行为已构成编造虚假恐怖信息罪，鉴于其有精神问题，依法从轻处罚。

潘某、朱某和马某在银川市南门广场的华联连锁店购物的时候与收银员发生冲突，怀恨在心的他们给超市拨打电话，在电话中声称要炸毁连锁店。超市迅速报警，警方介入查处后，法院依法对三人分别判处有期徒刑8年、7年、7年。

因"口无遮拦"而付出的沉重代价告诉我们，在法制日益完善的今天，说话的相对自由和宽泛的同时，也对说话的内容和形式提出了更多制约和要求。在法治时代，虽然每个人都拥有不可或缺的"话语权"，但并不代表你就有权利"口无遮拦"，倘若你没有根据、不负责任的"话语"侵害了公共利益，给社会及他人带来了恐慌，就要受到法律的制裁。

现代社会把"话语权"上升到了一个前所未有的高度，每个人都有发表自己意见、释放自己声音的权利和机会。然而，这种权利得以保障的前提，是不对社会、集体和他人造成任何的负面影响。

社会文明进步的标志之一，是进一步的人性化所带来的自由和宽容。但这种自由和宽容不是无边无际没有底线的，这种自由和宽容应该建立在严格遵守公序良俗和公共道德的基础之上，应该建立在对社会、对他人有贡献而非破坏和侵害的基础之上。如果把社会所倡导的"自由和宽容"理解为什么都能够说，什么都能够做的话，那就大错特错了。

孟德斯鸠说过，自由是做法律所许可的一切事情的权利；如果一个公民能够做法律所禁止的事情，他就不再拥有自由了，因为其他人也同样有这个权利。任何自由都有边界，即便在欧美国家，也为言论自由划定了明确禁区和限制内容，谁都不能突破法律制度的底线。一旦冲撞了底线，也会依法惩治。因为如果没有秩序、没有责任、没有对他人权利的基本尊重，一个人的"言论自由"，就意味着对无数人的"绝对伤害"；所有人的"言论自由"，则意味着"所有人对所有人的言论战争"。这绝非我们的法律所崇尚的自由价值的本义，在现实中更是不得人心，根本行不通的。

道并行而不相悖。依法管住自己的"嘴"，正是为了构建良好社会秩序，为所有人的话语权利夯实防火墙。每个员工都应该在享受自己言论自由权利的同时也懂得依法发表自己的言论，只有这样我们才能够实现法治与言论自由的双赢。

4. 守法上网，网络世界并非无法无天之地

随着网络科技日新月异的发展，网络成为了我们很多员工生活中重要的交流和信息获取平台。然而如果在网络这个相对自由的领域中，我们认为自己可以无法无天，那么我们同样也将触犯法律，受到法律的严惩。

在很长一段时间内，由于互联网发展的速度过快，与之相关的法律法规并没有得到健全，因此网络成为了很多人肆意妄为的"伊甸园"。然而随着法制化进程的不断加深，网络已经不再是曾经的"三不管地区"，我们每个员工在享受互联网带给我们的方便与快捷时，也一定要将守法上网铭记于心。

2015年2月3日凌晨2时许，江苏省某市有人在网络上传言，一个化工园区内冒起浓烟要发生大爆炸，导致陈家港、双港等镇区部分不明真相的群众陆续产生恐慌情绪，并离家外出，引发多起车祸，造成4人死亡、多人受伤。

公安部门于2015年2月10日下午4时初步确定并抓获此案件的谣言来源者刘某。经查，2015年2月2日晚10时许，刘某给化工园区新建绿利来化工厂送土过程中，发现厂区一车间冒热气，在未核实真相的情况下，即在网络上告诉其正在打牌的朋友桑某，称厂区有氯气泄漏，告知快跑，并在微博上公开发帖。桑某等在场的20余人，即通知各自亲友转移避难。这则谣言在网络上的传播链条无形中就此形成。在传播过程中，化工厂被置换为园区内另一家企业氯碱厂，而事件程度也在人们口耳相传中愈发严重，最终导致了一场万人大逃亡。11日凌晨4时左右，由于下雪天黑路滑，居委会八组群众10多人乘坐的1辆改制农用车滑入河中，当场2人死亡，另有5人受伤，送至医院后，又有2人抢救无效死亡。

当地公安部门得到消息并及时上报后，县委立即召集相关部门，成立事件处置工作领导小组。截至11日早晨6时左右事态平息，群众陆续返家。

对于我们每个员工来说，在享受网络给我们生活带来改善的同时，我们也应该履行维护网络环境的义务，做到守法上网。在网络上进行违法行为与在现实中一样，同样会受到法律的制裁。

要想做到守法上网，首先就必须做到不在网络上随意发表和传播非法言论。相比于现实中，网络上的"言论自由"可能更为明显，毕竟在这个虚拟世界里我们可以掩盖自己的真实身份，这就让很多人不再三思而后言。然而现如今我国的法律已经明确规定了在网络上发表和传播非法言论将要受到的法律制裁，这无疑给每个员工敲响了警钟。在这个虚拟的世界里我们依旧要学会管住自己的"嘴"，否则同样会触犯法律。

网络造谣、传谣不再是可以不负责任的行为，网络造谣、传谣可能面临三重法律责任。

一是民事责任。相关法律规定："公民的姓名权、肖像权、名誉权、荣誉权受到侵害的，有权要求停止侵害，恢复名誉，消除影响，赔礼道歉，并可以要求赔偿损失。法人的名称权、名誉权、荣誉权受到侵害的，适用前款规定。"一些网络个人事件谣言的受害者可以据此追究造谣、传谣者的民事责任。

二是行政责任。按照《治安管理处罚法》相关的规定，如果故意利用网络造谣、传谣扰乱公共秩序，或者公然侮辱、诽谤他人，尚不构成犯罪的，要受到拘留、罚款等行政处罚。据悉，前些日子某歌手因在微博发布不实消息，就承担了行政责任。

三是刑事责任。涉及网络谣言的刑事犯罪，可能触犯的罪名有很多，实务多发的罪名主要是编造、故意传播虚假恐怖信息罪、聚众扰乱公共场所秩序罪、寻衅滋事罪、敲诈勒索罪等。

其次，我们还要做到不浏览非法网站。所谓非法网站就是指网站所传播的内容与法律规定相违背，例如涉黄网站、涉赌网站、发表反动内容的网站等。虽然仅仅浏览这些网站不传播其内容可能并不会触犯法律，但是这些网站所宣扬的内容是不符合我们的法律精神和道德观念的，很有可能会对我们产生误导，从而导致我们出现违法行为。想要避免被这些不良信息蛊惑，最好的方法就是远离它，做到文明、自律上网。

最后，我们还要做到不在网络上做任何在实际生活中会触犯法律的事情。有一些人总是认为网络是让自己游离于法律之外的"乐土"，在网络上做出诸如欺诈、诽谤、侵权等违法的事情不会受到法律的制裁。然而无论是在网络上还是现实中，只要我们的违法行为确实属实，我们都无法逃脱法律的制裁。我们要把在网络生活中遵纪守法与在现实生活中遵纪守法同等对待，只有这样才能够在畅游网络世界的同时让自己做到遵纪守法，不因做出违法行为而让自己自食苦果。

网络虽然是一个虚拟的世界，然而虚拟世界也有其规则，有其法律。在网络上一切都有可能是虚假的，然而违法却是实实在在的。作为一名守法员工，我们更要做到依法上网，在现实与网络中都要保持高度守法意识，做到遵纪守法。

5. 杜绝"法不责众"心理，公共场所带头守法

生活中，我们经常会出入一些公共场合，无论是马路上、公园里还是商场中。而在这些公共场合中自然也存在着一些违法行为。当这些违法行为出现时，有些人选择了严于律己，而有些人则选择了同流合污。

当许多人一起进行某些违法行为时，仿佛有这样一种现象：道德和法律的约束在一时间仿佛完全从这些人心中消失了，对于法律的敬畏也无影无踪，每个人都会觉得自己正在进行的违法行为是可以被认可的，不会受到法律制裁，进而肆无忌惮地破坏法律法规。这种现象其实就是由于我们心中一种根深蒂固的错误观念——"法不责众"。

生活中有太多这样鲜明的例子，比如行人集体闯红灯，在禁烟场所集体吸烟等。正是以为只要大家都做的违法行为就不会受到法律的制裁，才造就了很多群体违法行为难制止、难改正，从而让更多的人被影响，也加入到违法乱纪的行列当中，让整个社会的正常秩序受到不良影响。

在高速路上，一辆满载橘子的货车发生了事故，橘子散落一地。面对突如其来的事故周围瞬间聚集了很多围观群众。然而这些人做出的举动却令人不禁叹气。他们非但没有帮助在事故中受伤的司机，反而集体开始哄抢车上的橘子。

看到一车6万多斤的橘子遭聚众哄抢，司机赶忙掏出手机报警，而民警也及时赶到现场阻止。然而，尽管民警在现场无法控制的情况下"拔枪止抢"，但货主还是仅拿到2000多斤完好的橘子。日前，甘肃省榆中县警方对"1·4"聚众哄抢橘子案进行了查处，对无视货主劝阻、不听民警制止的徐某等4人分别处以5日、10日行政拘留，并处200元至1000元罚款，还有30人受到批评教育。

不论是"有便宜不捡白不捡"的投机心理，还是"别人都如此"的集体盲从，抑或是"破窗效应"导致的失范感染，聚众哄抢的根源，就在于"法不责众"的陈旧观念。一方面，违规者人数多，追责成本大，很可能会不了了之；另一方面，每一个哄抢参与者的违法情节比较轻微，即使被抓住了，惩罚也不会太严重。

其实现在类似的事情屡有发生，而从事后的处理上我们也不难发现，其实法并非"不责众"，只要自己做了违法行为，"从众"是不能成为借口的，法律依旧会公正地对存在违法行为的人进行处罚。

如果我们希望自己成为一名合格的守法员工，那么我们就必须改正这种"法不责众"的错误观念，无论何时都严于律己，绝不做出违法乱纪的行为。也只有我们每个人都从自身严格要求自己，在公共场合带头守法，才能够扭转这种集体违法的不良氛围，让我们的生活环境有序而和谐。

当然，要想真正让自己改掉这种根深蒂固的想法，就必须首先了解自己之所以会出现这种心理的因素，从原因入手对其进行更正，进而这种想法也就会从我们的脑海中彻底被清除。其实这种"法不责众"心理产生的根本原因还是比较差异导致的心理落差。从社会心理学上看，集体违法行为是相互传递的，这不光是相互模仿，还有心理补偿的问题。当别人都不遵守、维护法律法规，不为法律法规提供支付性要素，而我遵守、维护法律法规，就意味着要支付更多的个人成本，从而导致了"吃亏了""不划算"等相对剥夺感的产生。

要想消除这种感觉对我们的影响，我们就必须认识到，自己不与其他人共同参与违法行为并非是"吃亏了"，反而是一种保护自己，让自己受益的行为。任何一次违反法律的行为都会带来不可估量的后果，而这些后果往往比所占的"便宜"要大得多。实际上参与集体违法行为是一种得不偿失的做法。

其次，还要以更高的道德标准来要求自己。"法不责众"心理之所以有着如此大的"市场"，究其原因还是社会中道德缺失的问题十分严重。当很多人集体参与违法行为时，可能确实由于追责困难等原因能让他们逃过法律的制裁，但是永远逃不掉的是道德的抨击和人格的堕落。因此，只要我们能够时刻以更高的道德标准要求自己，让自己拥有高尚的品质，那么无论身边有多少人参与到了违法行为当中，我们也能够做到严于律己，洁身自好。

最后，还要杜绝"钻空子"的想法，不能因为法律无法制裁就去选择违法。

遵守法律的最终受益人永远是我们自己，即便法律在有些时候并不能给予制裁，这也不应该成为选择违法的理由，否则最终只能自己害了自己。"法不责众"心理的产生其实并非因为法律本身在制定上存在漏洞，而是在有些情况下并不能在实际中做到严格执行，让有些人有空子可钻。然而总是抱着钻法律空子的心理，终将有一天会因此而犯大错。用一句流行语来说，"出来混迟早是要还的"，种因得果，每个人总有一天会为自己的行为"买单"。

每个人的一点"小恶"，汇聚成众就形成了社会的"大恶"。我们每个员工如果希望能够拥有一个安定、和谐的生活环境，那么就从现在起不要让自己成为形成社会顽疾的"帮凶"之一。改掉"法不责众"的错误观念，从自己做起给其他人带个守法的好头，相信我们的社会环境将会越来越纯净。

6. 改善生活无"捷径"，守法才有好生活

　　我们在工作中打拼，在生活中努力处理好每一件琐事，最终目的其实都是为了能够改善自己的生活状态，让自己享受越来越优越的生活。不过改善生活可并不是一件容易的事情，这需要我们经过长期的努力才能卓见成效。然而有些人由于操之过急，总想一下子就让自己的生活层次达到飞跃的效果，于是误入了违法犯罪的歧途，却还误以为自己找到了"捷径"，最终亲手毁掉了本可以幸福美满的生活。

　　在这个物欲横流的社会大环境下，我们越来越重视金钱、地位在改善生活方面所起到的作用。不可否认，这些东西确实能够让我们过上更优越的生活，钱不是万能的，但是没钱却是万万不能的。钱财是我们改善生活的基础因素之一，这是大家的共识。然而如果我们赖以改善生活的金钱、地位是通过不法手段所取得的，那么它就不再是开启优质生活的"金钥匙"，反而成为了锁上牢门的"铁钥匙"。

　　周铭曾经是一名牌大学毕业的研究生，初入社会的他心思单纯且有着远大的理想，希望能够创立属于自己的企业，改善自己本不富裕的家庭生活，让父母都能过上舒适的日子。

　　很快周铭凭借其高学历就轻松地找到了一份在投资公司做

理财顾问的工作，通过兢兢业业的努力不到三年就成了月收入过万的白领阶层。然而周铭却觉得这样挣钱太慢了，连买一套大房子都只是奢望。他看到来这里找自己进行理财投资的客户，动辄出手上百万，开着豪车，穿金戴银，十分羡慕。

于是他通过自己的金融投资学知识，开始尝试从事民间网络借贷的活动。虽然他深知没有经过相关部门认证和法律许可私自进行资金募集是严重的金融犯罪，但是他看到网络上已经有许多人采取了同样的手段一夜暴富，因此也决定"赌"一把。

自 2011 年 2 月以来，周铭对外宣称其"某某投资"是从事民间网络借贷的 P2P 平台，吸引投资人创建账户并充值，随后其利用掌握的 40 多个虚假会员账户频繁发布虚构的借贷协议，以高回报吸引投资。众多投资人误将"某某投资"当作可靠的 P2P 网贷平台，纷纷投资。但实际上，周铭将自己作为融资平台，投资者的资金全部进入了周铭的个人银行账户，"某某投资"网站发布的贷款协议中 85% 以上属于周铭虚构的项目。

在短短几年时间里，周铭向全国 30 余个省市 1600 余名投资人进行集资，并将平台接收的资金直接用于自己巨额消费。仅 2013 年，他用以购买车辆等高档消费品及奢侈品的金额就超过几千万元，他仿佛真的实现了自己的愿望，过上了极其奢华的生活。

然而周铭的富翁梦还没有做太久就随着公安机关的造访彻底破灭了。公安机关在确定了周铭的犯罪事实后，查扣其购买的豪华品牌车辆数辆及奢侈品若干，但尚有 1100 余名投资人的约 3 亿元人民币本金没有归还。2014 年 4 月 14 日，犯罪嫌疑人周铭因涉嫌非法吸收公众存款罪，被检察院批准逮捕，等待他的很可能是一辈子铁窗中的生活。

一名名牌大学的高学历研究生，本可以通过自己踏踏实实的努力过上优越的生活。然而由于对享受优质生活的过分渴求，对于成功的急不可待，最终让他选择了违法犯罪这条不归路，而最终他也没能够实现改善生活的目标，反而彻底摧毁了自己的生活。

我们每个员工对于改善自己的生活水平也有着很大的渴求，然而无论我们多么迫切地希望生活水平得到提高，也绝不能选择违法犯罪这条道路。它绝非改善我们生活的"捷径"，只能让我们走进"死胡同"。我们必须意识到，只有遵纪守法才能够打好过上优质生活的基础，才能走好实现自己理想生活的第一步。

我们每个员工都必须深刻意识到，通过违法行为带来的"一夜暴富"并不能让我们真正拥有改变生活的财富，反而会让我们的生活陷入更深的危机，最终走向毁灭。且不说违法行为最终会导致自己受到法律的制裁，单单是违法行为所带来的心理负担就不是我们能够承受的。想想看，如果每天都担忧自己会不会突然就被戴上手铐，会不会很快走上法庭面对法律的制裁，那即便过上了奢侈的生活我们也没有心思去享受它。只有财富来得干干净净，我们才能心安理得地去使用它改变我们的生活，才能更好地享受生活。

我们每个员工还应该告诉自己，改善生活需要的并不仅仅是金钱，优秀的道德品质，遵纪守法的正确意识，以及对生活本身的热爱都十分重要。金钱只是我们改善生活的工具之一，然而如果为了金钱而放弃坚守的法律底线，放弃优秀的道德品质，只是去热爱金钱所带来的奢侈而并非热爱生活中发生的一切，那么我们最终也不可能得到想要的生活。

每个人的生活都是一分耕耘一分收获，没有人能够通过"捷径"一步登天。违法乱纪永远不会给我们带来优质的生活，但是却有将我们的生活完全摧毁的力量。只有秉承着遵纪守法的原则，脚踏实地一步一个脚印地为了改善自己的生活去努力，我们才能最终实现在心中憧憬已久的理想生活。

7. 遵守交通法规，利人利己安全出行

当我们望着车水马龙的街道，是否想象过这样的画面：假如每个路口都不再有信号灯，路上也不再有指挥交通的交警，甚至连交通标示线和交通法规也没有，那街道上将会是怎样一副情景，相信恐怕比战场还要惨烈。

然而即便我们每个人都深知交通法规对于出行的重要作用，但是在日常生活中我们每个人最常违反的法律法规却也是它，这无异于一个巨大的讽刺。其实剖析违反交通法规行为频发的原因我们就不难发现：其一，违反交通法规的违法成本较低，交通法规的处罚力度对于很多人来说并不足以让他们引以为戒；其二，交通法规对于行人、非机动车的监管执法力度较小，导致非机动车和行人无法养成良好的遵守交通法规的意识；其三，对于违反交通法规所带来的人身安全隐患没有全面的认识，认为自己偶尔违反交通法规不会有什么危害，抱有侥幸心理。

抛开其他两种原因暂且不谈，单单从自身和他人人身安全的角度考虑，我们也应该去遵守交通法规，利人利己安全出行。

人行天桥就在眼前，但还是有人贪图方便，从车流中横穿马路。2014 年 9 月 10 日下午，在南宁市白沙大道北三里人行天桥附近，一辆小车撞上一名横穿马路的男子，致使该男子当场死亡。

"当时我听到一声响后，往路面望去时，被撞的那个人已一动不动。"路边一家店铺的老板说，事发时间是下午 2 时许，这名男子在路中间绿化带的旁边被撞上。至于他是从对面车道横穿过来，还是从北三里这面的车道走向对面，该老板称不清楚。该老板还称，当时撞人的车上走下两名中年男子，拨打电话报警。

在距离事发现场不到 200 米处，有一座人行天桥。然而，事发后，仍有市民陆续从绿化带中间的一个缺口横穿马路。路边一家饮食店的老板说，中间的绿化带原本是有铁丝网拦起来的，但经常被贪图方便的行人破坏，久而久之，那里就形成了一个通行的缺口。

在一个风和日丽能见度很好的上午，王欣驾车行驶至长深高速往江苏方向 2363 公里处，由于着急赶超前面行驶较慢的车辆，王欣不顾交通法规强行由第三行车道往第二行车道变更，影响在第二行车道内行驶的另一辆轿车。正常行驶的轿车司机发现王欣驾驶的汽车突然并线，于是只得由第二行车道紧急往第一行车道变更，与第一行车道上行驶的小客车相撞，导致小客车碰撞中央活动护栏后进入对向车道，先后与对面正常行驶的小客车和重型货车碰撞，造成 6 人死亡、1 人受伤。

一日，在南京市中山北路与云南北路交汇路口，发生一起交通事故，监控记录了整个事发过程。

监控显示，云南北路直行为红灯，中山北路直行为绿灯。在红灯还有 72 秒时，一名女子骑车沿云南北路由北向南行驶，已经骑到了路中央。此时，中山北路由西向东方向，左转道有车辆在等待区等待，直行道有车辆在行驶。

但是，这名女子依然骑车闯红灯前行，结果，一辆出租车快速驶来，车头正面撞上了这辆电动车。电动车从云南北路的西侧，被撞至东侧，骑车女子也被撞飞十几米远。

可见，无论我们采取何种出行方式，是驾车、步行还是驾驶非机动车，如果不自觉遵守交通法规，那么很可能会给自己和他人的生命安全

带来隐患。并且，随着我国交通法规的不断健全，只要违反法律规定，无论我们是以何种出行方式违规，都要承担法律责任。

要在出行中做到严格遵守交通法规，就必须首先更正自己对于交通法规的错误认识，让自己对交通法规像对其他法律一样足够重视。

（1）纠正自己对于交通法规的错误认识。

①交通法规也是法律，一样需要我们去遵守。

在出行过程中，我们之所以会违反交通法规，归根结底还是没有从心底将它当做法律。虽然交通法规的处罚力度与其他法律法规相比要轻得多，然而它的制定同样是为了保证正常的社会出行秩序，同样是为了保护我们的生命健康和人身权利。因此，遵守交通法规其实就是尊重我们自己的权利和生命，违反它与违反其他法律一样会带来严重的后果。

②交通法规的违法成本其实也很高。

很多人对于违反交通法规不以为意，主要还是因为违反它的违法成本相比于其他违法行为确实太小了。然而法律对我们的制裁力度小并不代表我们付出的代价就会小。由于违反交通法规所导致的交通事故每年都会夺取无数人的生命健康，当交通事故发生的那一刻，许多人才意识到自己违反交通法规将要付出多么惨痛的代价。前事不忘后事之师，这么多血淋淋的现实已经摆在我们面前，我们更应该认识到违反交通法规所可能导致的严重后果不是我们能够承受的。

③行人和非机动车并没有违反交规的"特权"。

我国交通法律规定行人或非机动车与机动车发生事故，本着行人和非机动车是弱势群体的因素，机动车即使无责也要承担10%的损失赔偿。这条本是出于人道主义而制定的法律规定却被很多人认为是行人和非机动车的"特权"。他们认为只要有这条法律在，机动车就不敢撞他们，因而在道路上肆意违反交通规则。然而实际上即便没有这一条款，机动车也不会随意在路上撞行人和非机动车，大部分交通事故都是意外情况，而这条所谓的"特权"也不能阻止交通事故的发生。

在交通事故中，非机动车和行人往往会受到更大伤害，毕竟是用自己的"肉"去碰"铁"，最后受到更大损失的一定是非机动车和行人。因此，当我们步行或是驾驶非机动车行驶时，更应去自觉遵守交通规则，这才是对自己生命健康的最大负责。此外，随着交通法规的逐步健全，现在对于行人和非机动车违反交通规则的处罚也逐步完善。在出行中，行人和非机动车其实根本就没有任何所谓"特权"，违反交通法规都同样要付出代价，承担后果。

（2）认真学习交通法规，维护和谐出行环境需要所有人的努力。

我们都知道，考取机动车驾驶证需要学习相应的交通法律法规，只有对交通法规有着全面了解，才能够保证驾车出行过程中遵守交通法规。其实除了司机外，驾驶非机动车和步行出行的人也都应该自觉去学习交通法规，而驾车出行的人则应时常温习交通法规，而不是过了考试"万事大吉"。路面秩序需要每一个人通过遵守交通法规去共同努力，仅仅靠某一方去遵守交规远远不能让每个人都达到安全出行的目的。而要想做到遵守交通法规，那么就要知法、懂法，所以我们每个员工都应该从自身做起去学习基本的交通法规，让自己在出行过程中能够做到严格遵守它。

（3）把遵守交通法规保证生命安全放在第一位，欲速则不达。

很多时候，之所以有人违反交通法规，还是因为等不及，为了花费更短的出行时间抱着"能抢就不让"的出行理念，导致了很多违规行为的出现。然而在出行过程中，"争分夺秒"实在不是什么明智之举。为了省去那短短几分钟甚至只是几秒钟选择去违反交通规则抢行，很可能会让我们付出惨痛的代价。如果我们经常在出行过程中留意就不难发现，遵守交通规则多等、多让，最终并不会给我们到达目的地的时间带来多少影响。为了这一点微不足道的时间选择用自己和他人的生命做赌注，那无疑是对自己也是对他人生命极不负责的行为。

在出行中，我们要时刻提醒自己，遵守交通规则才能保证我们和他人的生命健康，再重要的事情也不会比生命更重要。我们多踩的那一脚油门，迈出不该迈的那几步，抄的那一次近道很有可能带来不可估量的后果。

交通法规是我们每个人听得最多最耳熟能详的法律法规，很多甚至都不需要学习就已经成为了我们的出行常识。然而正是这人人都再熟悉不过对我们出行安全也再重要不过的交通法规，却成了违法、违规行为发生的"重灾区"。当我们行色匆匆地在出行的道路上奔波时，多想想自己也多想想他人，自觉遵守交通法规，就会发现无论我们选择何种出行方式，都是最快捷、最安全的出行方式。

8. 远离赌博，别让自己既伤财又违法

有人说赌博是一种最简单的"致富手段"，每个参与赌博的人都有百分之五十的机会一下子改变自己的生活。而实际上赌博确实能改变我们的生活，而且是百分之百能够做到，那就是彻底毁掉我们的生活。且不说赌博会让我们的钱财遭受损失，参与赌博本身就是一种违法行为，严重的更可以构成犯罪。

赌博除了本身就是一种违法行为外，它还会为其他违法犯罪的滋生提供最好的温床。如果我们参与到赌博中，为了不断筹集赌资，我们会想方设法去获取钱财。而当通过正当途径获取的金钱已经不足以满足在赌桌上的需求时，我们就很可能铤而走险，实施违法行为去非法牟利。

赵华（化名）是辽宁抚顺人，半年前来到廊坊，平日里靠打临时工勉强糊口。身处异地，没有亲人和朋友在身边，又没有忙碌的工作占据身心，失落、忧虑的赵华开始寻找发泄内心苦闷的方式。最终因结交了一群不良朋友，走上了犯罪的道路。

"兄弟，过来玩两把？"见赵华领了工资，平日里三五成群的工友主动邀请他加入赌博行列。几把下来，赵华把工资输了个精光，但他内心非常高兴，认为终于有了朋友。

赵华与一起赌博的几个工友整天厮混在一起，自认日子过得惬意，但零碎工作挣的钱开始入不敷出，再加上逢赌必输，口袋马上空了。

2015年1月20日晚，工友们又凑了一局，"赵华，赶紧过来，就差你了！"挂掉电话的赵华摸摸口袋，发起了愁，"走投无路"的他脑海中闪过了抢劫的念头。

换上黑色的衣服，去超市买来黑色口罩和刀具，"装备"好后，赵华来到安次区佛堂附近，对独自回家的一位20多岁的女士实施了抢劫。

22时40分许，安次区钢厂路口红绿灯附近，打扮神秘的赵华引起民警注意，其体貌特征与受害人描述十分相近。

几番努力，办案民警将赵华抓获。赵华持刀抢劫的行为最终受到了法律的制裁。

由于大部分的赌博都是"庄家"设的一个"局"，目的就是骗取那些参赌人员的钱财。因此一旦走上赌桌，无论我们有多少"家底"都绝对会输完。而赌博会给参赌的人带来这样一种心理暗示：我下一次就能赢回来，如果不赌了，之前输的钱就回不来了。为了期待所谓"赢回来"的那一时刻，赌徒不得不去不断筹集赌资，当所有正当渠道都无法让他们获取钱财时，违法行为就几乎不可避免地发生。

对于我们每个员工来说，远离赌博不但能够让我们用汗水换取的积蓄不至于一夜间付诸东流，更能够避免我们因此而违反法律，甚至走上犯罪的道路。而为了避免被赌博所谓的"以小博大"所诱惑，我们就必须让自己对赌博有清醒的认识。

（1）赌桌上没有赢家。

可能有些人会说，在赌博的过程中当然是有输有赢，肯定有获得金钱更多的一方，那不就是赢家吗？其实这种对于赢家的理解是有误区的。赌局本身并不能创造价值，赌局上的所有钱财其实都是参赌者提供的。在赌桌上赢钱的人实际赢得的是输钱者的财产，赌博本身所创造的价值永远是"零"。此外，无论是输是赢，只要参与了赌博我们就都已经触犯了法律，并且很有可能深陷赌瘾之中无法自拔，最终让自己走上严重犯罪的道路。当我们走上赌桌的那一刻起，其实我们就已经输了，而且输掉的远不止金钱。

（2）别用"赌两把就收手"纵容自己尝试赌博。

赌博就像吸毒一样，永远不要去尝试，否则只能给我们留下终生的悔恨。一旦我们接触赌博，就会掉入一个心理陷阱，赌博正是利用这一心理陷阱来牢牢"拴住"参赌人员，直至榨干他们的最后一滴"血"。这个心理陷阱就是：赢了的人会因为轻易获利而产生贪念，进而想赢得更多；输了的人想要"翻本"不相信自己永远运气差，于是不停投入赌资。这就让参与赌博的人进入了一个无限循环之中，无论输赢都会不停地赌下去。

有些人可能一开始并非想真的染上赌博的恶习，只是抱着试一试的态度，认为自己能够及时"收手"。殊不知一旦被这种心理所控制，我们就根本无法左右自己的行为，想"收手"时已经欲罢不能。

（3）认清赌博的实质，赌博其实只是一种欺诈手段。

一般来说在赌博过程中始终都会存在着这样一个神秘角色——"庄

家"。"庄家"是实际上的赌博组织者，是真正在幕后能够操作赌局的掌控者。在赌博中"庄家"会抽取一定的"抽头"，并作出维护赌桌秩序的假相。然而实际上赌局就是"庄家"设置的一个骗局。除了骗取"抽头"外，很多"庄家"更是操纵赌局，通过赌桌上的"托"来大量骗取赌徒的钱财。因此可以说赌博其实就是"庄家"的一种欺诈手段，而且这一手段还相当拙劣。

生活的精彩是永远不可能从赌桌上得来的，我们每个员工都应该远离赌博这种既伤财又违法的行为。永远记住一个真理：十赌十输。只要我们走上了赌桌，那么我们输掉的很有可能是自己的整个人生。

第六章

学会运用法律，拿起法律武器保护自己的正当权益

当我们的正当权益受到违法行为的伤害时，法律是我们唯一能够拿起的武器，也是唯一能够帮助我们把损失挽回的途径。学会运用法律的正当途径维权，是我们在维权道路上迈出的最坚实的一步。

1. 只有法律才能保护我们的权益

在我们的工作和生活中，总会遇到一些通过违法行为侵害我们合法权益的人，此时我们每个员工都可能会竭尽所能维护自己的权益不受伤害，这是我们作为公民的基本权利。我们在维护自己正当权益的时候，必须意识到自己有且只有一件值得依靠的"武器"，那就是法律。倘若不依靠法律甚至是不惜违法去维护自己的正当权益，那么我们也会从原本正义的一方同样沦落为违法行为的实施者。

之所以说只有法律才能够保护我们的合法权益，是有其理由的。

首先，只有法律才拥有强制执行力，才能够保证维权的最终效果。当我们遇到侵害我们合法权益的行为时，通常依靠我们自身是无法阻止侵害行为的，毕竟我们个人的能力有限，也没有使用强制力的权利。我们只有依靠法律，才能让法律对侵害我们合法利益的人进行强制性措施，终止他们的侵害行为并对他们进行相应惩罚，从而帮助我们维护自身合法权益。

其次，只有通过法律维护我们的权益，才能保证在维权过程中自身的合法性。当遇到自己权益受到侵害的时候，我们除了要努力维护自己的权利外，更应该注意自己所使用的维权行为是否合法，不要让我们本来正当的维权因为使用了违法的行为而蒙上"阴影"，让自己也深陷违反法律的后果之中。

最后，只有通过法律维护我们的权益，才能有最公正的结果。当我们采取法律之外的途径去维护自己的权益时，由于这些途径可能本身并不具有足够客观性和权威性，因此维权的结果往往不能够让我们满意，或是不能让侵害我们权益的对方"服气"，这就无法让我们得到满意的维权结果。而如果我们通过法律的手段维护自己的权益，那么，由于法律具有权威性和客观性，当法律对最终结果进行裁定后，维权方和侵权方都会接受这一裁定，维权的效果也就达到了。

当然，如果我们在自身合法权益受到侵害时，想要真正使用法律来保护我们的权益，仅仅知道依法维权的优势还是远远不够的，我们还必须提升自己依法维权的能力，只有这样我们才能用好法律这把"武器"，捍卫自己的合法权益。

第一，要充实自己的法律知识，知法懂法才能用法。

如果我们员工希望在自己的合法权益受到侵害时使用法律的"武器"保护自己的权益，那么我们就必须对这把"武器"有深入的了解。在平日里我们应该多学习维权方面的法律知识，对于如何使用法律途径保护自己的合法权益了如指掌。这样当我们的权益真正受到侵害时，就能自如地运用法律来保护自己，并让违法侵害我们权益的人受到法律的制裁。

第二，要相信法律是公正的，能够保护我们。

有些员工之所以在自己的权益受到侵害时不去选择法律作为保护自己的"武器"，很大程度上还是不相信法律能够真正保护自己，总是认为法律会受到有权、有势之人的影响而"偏袒"强势的一方。可能在现实中确实存在这种情况，然而这并非法律本身的问题，而是执行法律的人出现了问题。我们每个员工都应该相信法律是公正的，最终会给我们一个公正的结果，我们唯有依靠法律才能够最有效地维护自己的权益。

第三，学会利用法律援助，寻求专业法律指导。

在使用法律保护自身权益的过程中，我们员工毕竟不是专业的法律从业人员，很可能会遇到一些法律方面的难题，或是被侵害我们权益的人所"忽悠"。此时我们应该积极利用法律援助途径，寻求专业法律从业人员的帮助，给予我们正确的指导和帮扶。这样往往能够让我们的维权过程不会太过艰辛，能够让我们在维权过程中少走弯路，大大减少我们在依法维权过程中付出的时间和精力。

我们每个人的权益都是法律所赋予的，因此也只有法律才能成为保护我们合法权益的唯一"武器"。当我们的权益受到伤害时，拿起法律的"武器"去捍卫它，这把无坚不摧的"武器"将帮助我们斩断一切伤害我们的罪恶，让正义得到伸张。

2. 学会使用非诉讼手段维权

既然我们要运用法律手段来维护自身的合法权益，那么就涉及了究竟使用哪些法律手段才能实现维护自身权益的目的。一般来说，维权手段主要分为诉讼手段和非诉讼手段。

诉讼手段顾名思义，就是向最权威的人民法院对侵害我们合法权益的违法人员提起公诉的手段，维护我们自身合法权益。而非诉讼手段则是不通过向法院提起公诉的方法，而是采取投诉、调解、裁决、仲裁、申诉五种手段来维护自身的合法权益。

很多员工可能看到上面的解释会说，那依法维权当然要选择诉讼手段了，既然这是最权威最有效的手段，那不如从一开始就使用它。然而相比于诉讼手段，我们普通员工其实更应该尝试使用非诉讼手段来解决在一般情况下自身权益受到损害的问题，与诉讼手段相比，非诉讼手段对于我们有着诸多优势。

（1）非诉讼手段的优势。

①非诉讼手段的程序更加简单，能够大大提升维权效率。

在依法维权的过程中，如果我们使用诉讼手段，那么就必须要经历一个漫长的诉讼过程。我们可能随时需要按照法院的要求提供各种资料、证据并出席庭审。有些时候诉讼过程甚至能够长达数年。这对于我们平日还需要正常工作的员工来说将会造成不小的困扰。而如果我们采取非诉讼手段，那么相对来说其法律流程会比较简单，也能够解决大部分不太复杂的维权请求，更适合我们员工普遍使用。

②非诉讼手段能够大大减少维权成本，避免出现维权成本高于维权受益的"尴尬"。

我们都知道，通过诉讼手段进行维权往往需要支付一笔对于我们大部分员工来说比较昂贵的诉讼费用，虽说如果我们胜诉费用将由败诉一方承担，但是如果我们不幸败诉，这仍是不小的经济压力。除此之外，当情况比较复杂的时候，我们为了保证维权能够成功，很可能还需要聘请律师，而律师费对于我们员工来说就高得吓人了，有时甚至远远超过了我们维权所能挽救的损失，让维权变得十分尴尬。相比诉讼手段，非诉讼手段则大大减少了维权的成本，即便我们需要聘请律师，律师费也相对会较少，我们普通员工往往也能够承受。

③非诉讼手段有时反而能够解决一些诉讼手段无法解决的问题，以免我们受到二次损失。

诉讼手段是通过最严谨的法律流程来帮助我们维护合法权益的方式，然而在这一过程中如果我们并不能提供某些权益受到侵害的证据，那么这部分权益受到的侵害就无法被追回，从而造成二次损失。但如果采用非诉讼手段，我们很有可能通过其他方式，让侵害我们权益的人主动弥补我们的损失，从而带来更好的维权效果。

那么既然非诉讼手段对于我们员工的维权可能会有更好的效果，那么如何才能更好地使用这些手段呢？

（2）掌握合理使用非诉讼手段的方法。

①了解不同非诉讼手段的使用方法，不同性质维权要采用对应手段。

非诉讼手段有投诉、调解、裁决、仲裁、申诉五种，每种手段都对应着不同性质的维权，不能随意使用。因此，我们就必须掌握这些手段的适用条件和特点，然后再根据自己维权的性质进行选择，用最合适的方式维权，才能达到最好的维权效果。

投诉是指：权益被侵害者本人对涉案组织侵犯其合法权益的违法犯罪事实，有权向有关国家机关主张自身权利。投诉人，即为权益被侵害者本人。一般来说投诉适合应用于自己在作为消费者时权益受到损害的维权行为上。当我们作为消费者为生活消费需要购买、使用商品或者接受服务，与经营者之间发生消费者权益争议后，就可以向消费者权益保护组织投诉，要求保护自身合法权益的行为。

调解是指：双方或多方当事人就争议的实体权利、义务，在人民法院、人民调解委员会及有关组织主持下，自愿进行协商，通过教育疏导，促成各方达成协议、解决纠纷的办法。我国调解方式主要是人民调解，行政调解，司法调解，行业调解以及专业机构调解。调解适用于我们在与他人发生权益纠纷，并且程度较轻、情况较为简单或是能够明确认定一方责任的情况下使用。

裁决是指：公安机关关于当事人是否构成违反治安管理行为，是否应予处罚，给予何种处罚，从轻还是从重处罚的决定。当我们确定自己权益受到某人违法行为的损害时，就可以向公安机关提请裁决请求。裁决手段只适用于我们能够明确侵害我们权益的对象，并且有明确侵害行为发生时使用。

仲裁是指：当事人根据他们之间订立的仲裁协议，自愿将其争议提交由非司法机构的仲裁员组成的仲裁庭进行裁判，并受该裁判约束的一种制度。仲裁活动和法院的审判活动一样，关乎当事人的实体权益，是解决民事争议的方式之一。仲裁的适用范围主要是权益的纠纷，尤其是合同纠纷和财产纠纷。婚姻、收养、监护、扶养、继承纠纷不能仲裁，此外行政争议也是不能使用仲裁的。

申诉是指：公民、法人或其他组织，认为对某一问题的处理结果不正确，而向国家的有关机关申述理由，请求重新处理的行为，具有法律效力。申诉有两种，一则诉讼当事人或其他有关公民对已发生法律效力的判决或裁定不服时，依法向法院或者检察机关提出重新处理的要求。二则指国家机关工作人员或政党、社团成员对所受处分不服时，向原机关、组织或上级机关，组织提出自己的意见。

②在必要的时候，使用非诉讼手段也应咨询律师。

有些员工可能会觉得，如果不使用在法律程序上更为严谨的诉讼手段，就没有必要专门咨询律师对自己的非诉讼过程进行指导和提供建议。其实即便是非诉讼手段，其过程中也会涉及一些专业的法律问题，并且如果我们能够依靠律师的帮助在非诉讼过程中使用一些法律技巧，往往能够为自己挽回更多的利益损失。相比于诉讼手段，非诉讼手段中聘请律师的费用相对较低，我们可以与自己能够追回的权益进行比较，如果律师费用在可以接受的范围内，那么聘请专业律师依旧是很好的选择。

③当自身权益受到严重侵害时，不要为图省事选择使用非诉讼手段。

非诉讼手段适用于当我们的合法权益受到侵害并不严重的情况。但如果侵害我们合法权益的违法行为十分恶劣，而我们从中受到的利益伤害也十分严重时，一定要坚决直接使用诉讼手段维护自己的权益，确保自己的权益能够通过最权威、最严谨的法律流程得到维护，以最大程度地挽回自己的损失。

我们每个员工在自己的合法权益受到损害时，如果认为这种侵害并没有达到十分严重的程度，都可以去尝试使用非诉讼手段来维护自身的权益，这样既能够让我们免于打官司的劳神伤财，又能够同样达到维护合法权益的目的，可谓一举两得。

3. 暴力维权，再有理也是错

当我们的合法权益受到侵害时，我们首先会本能地产生一系列应激心理反应，例如愤怒、焦躁甚至是报复。当我们被这些心理所控制时，很有可能就会做出一些过激的举动，这就很容易让我们采取暴力维权的方式解决问题，让自己也深陷违法犯罪之中。

在我们的合法权益被非法侵害时，我们每个员工都要时刻在心中给自己提个醒，暴力维权不是正确的维权手段，它只会让我们与侵害我们权益的人一样沦为违法犯罪之徒，暴力维权再有理也是错，也都会受到法律的惩罚。

在一个小村子中，老王和老赵两口育有二子，老大王甲游手好闲、不务正业，老二王乙勤奋好学、踏实肯干。王甲长期找不到对象，而王乙在同村有一青梅竹马的女友李某。

2003年春节过后，王乙得到机会可以到一遥远的城市务工，不得已与家人、女友告别。李某虽不愿意，但也不得不在家等待。李某以未来儿媳的身份常去照顾老王两口。但王乙走后五年未归，王乙的父母（老王、老赵）害怕李某最终会等不下去心灰意冷而另嫁他人。二人便与王甲暗地商量由王甲娶李某为妻。为防李某不同意，2009年的一个晚上，老王老赵合谋将李某灌醉，授意王甲趁李某昏迷不醒时强奸了李某。

李某很愤怒，但还是隐忍下来，最终嫁给了王甲。婚后，家里家外一切事情都由李某一人承担，而王甲本性不改，甚至一有不如意即对李某拳脚相加。2010年春节，王乙回乡得知此事后，虽有不满还是接受了所发生的一切。王乙这种态度让李某之前积下的对王甲及其公婆的怒火再度燃起。在王乙返程之前，李某投毒杀害了王甲、王乙以及其公婆老王、老赵。

虽然李某一开始是受害者，其合法权益（包括婚姻权利、人身权利等）受到了侵犯，但李某没有选择维护自己的权益，而是选择了隐忍，然而她最终使用投毒的方式剥夺了老王夫妇以及王氏兄弟共四人的生命，根据我国《刑法》，构成故意杀人罪，同样也会受到法律的严厉制裁。

我们每个员工都应该努力维护自身的合法权益，然而这需要建立在依法维权的基础上，避免暴力维权，不要让自己同样做出违法行为，成为罪犯。要想做到这一点，我们就必须从思想上对自己进行纠正，从行为上对自己进行约束。

（1）我们没有权利代替法律使用法律才能采取的手段。

有些人之所以选择暴力维权，正是因为他们认为保护自己的权益是法律所允许的，既然法律也会保护受害者的合法权益，那么受害者代替法律行使保护自身权益的行为也是一样的。这种想法其实完全就是"法盲"式的思维。虽说法律会采取强制手段来终止对我们权益造成损害的行为，然而这并不代表这些手段我们也有权利私自使用。倘若人人都能为了维权随意代替法律行事，那么法律的至高权威性何在？没有人能够凌驾于法律之上或是代替法律，在维权这件事上也是如此。

（2）暴力维权不是"自卫"，而是实打实的违法行为。

很多使用暴力维权的人，总是认为自己是在维护自身合法权益，是一种"自卫"行为，法律是允许这种行为的。然而实际上这是对"自卫"定义的曲解。"自卫"是指当侵害我们人身权益的行为正在发生时，我们为了保证自己的生命不受到威胁而采取的以保护自己生命安全为目的的反抗行为。维权通常是发生在我们的权益已经受到侵害之后，因此暴力维权根本谈不上"自卫"。并且在大部分情况下，对我们权益造成侵害的行为可能并不会危及我们的生命安全，因此暴力维权是"自卫"的说法是不能成立的。

（3）让理性的法律意识控制自己的行为。

作为一个有完全行为能力的成年人，我们每个员工都应该具备用理智控制行为的能力。如果我们任由情绪的左右而做出暴力维权的举动，那么我们就是对自己行为的不负责。对法律的肆意践踏，必将会受到法律的制裁。当我们的合法权益受到侵害，心中感到怒不可遏时，要唤醒自己内心的法律意识，用理性取代情绪约束自己的行为，选择通过法律手段去维护自己的权益。

以暴制暴自古以来就不是解决问题的好方法，同样暴力维权也不能让正义得到真正维护，更不能让我们的自身权益得以保障。在法治社会中，我们每个员工都应当相信法律，依靠法律，尊重法律，通过正当的法律途径去维护自己的权利才是正途。

4. 了解自己的权益，受到侵害要自知

说到依法维护自身权益，我们除了要知道如何依法维权，维权的法律手段有哪些，当然也要知道自己究竟有什么合法权益。只有对自己的权益有所了解，我们才能在权益受到侵害的时候立刻察觉并及时维权，也才能够避免"瞎维权"的闹剧出现。

作为一名公民，我们首先应该了解的就是自己的公民权利。

《宪法》规定我国公民的基本权利，主要包括以下几个方面：

（1）法律面前一律平等；

（2）政治权利和自由，包括选举权和被选举权，言论、出版、集会、结社、游行、示威的自由；

（3）宗教信仰自由；

（4）人身与人格权，包括人身自由不受侵犯，人格尊严不受侵犯，住宅不受侵犯，通信自由和通信秘密受法律保护；

（5）监督权，包括对国家机关及其工作人员有批评、建议、申诉、控告、检举并依法取得赔偿的权利；

（6）社会经济权利，包括劳动权利，员工休息权利，退休人员生活保障权利，因年老、疾病、残疾或丧失劳动能力时从国家和社会获得社会保障与物质帮助的权利；

（7）社会文化权利和自由，包括受教育权利，进行科研、文艺创作和其他文化活动的自由；

（8）妇女保护权，包括妇女在政治、经济、文化、社会和家庭生活等方面享有同男子同等的权利；

（9）婚姻、家庭、母亲和儿童受国家保护；

（10）华侨、归侨和侨眷的正当权利和利益受国家保护。

除了基本权利，我们还拥有政治权利和自由、人身自由、社会经济权利、获得救济权利、社会生活权利、公民平等权利等几项权利。

除了要了解作为一名公民的权利，我们还需要知道自己作为一名合法企业员工应该享有的权利。

《劳动法》第三条规定，员工享有平等就业和选择职业的权利、取得劳动报酬的权利、休息休假的权利、获得劳动安全卫生保护的权利、接受职业技能培训的权利、享受社会保险和福利的权利、提请劳动争议处理的权利以及法律规定的其他劳动权利。

除了了解自己应当享有的权利，我们还应该学会如何判断自己的权益受到了损害。在很多时候，损害我们权益的行为并不会堂而皇之地出现，它往往会被遮上一些伪装，然而万变不离其宗，我们依旧能够通过一些技巧揭露这些行为的实质，及时发现这些侵害我们权益的行为，及时进行维权。

第一，从结果判断，确定自己的合法权益是否产生了实质性的伤害。很多时候侵害我们合法权益的手段会被加以"包装"，让我们乍一看好像并没有什么不妥，而在对我们权益进行侵害的过程中，违法人员也多会"拐弯抹角"地迷惑我们，把我们"绕晕"，从而忽视了自己权益受到损害。其实识破这些侵权行为的方法很简单，就是以不变应万变，从结果去判断自己的权益是否受到伤害，如果可以确定对方的行为确实伤害到了我们的合法权益，那么无论他采取什么样的方式，我们都要立刻遏止侵权。

第二，再小的侵权行为也不能姑息。有一些人在对我们的权利进行侵害的时候，并不会从一开始就直接切入主题，反而会从一些我们日常工作和生活中最不在意的权利入手，一点点对我们的合法权利进行"蚕食"，从而让我们无法引起足够注意，而当我们发现的时候可能自己的合法权益已经受到了严重侵害。对付这种"温水煮青蛙"式的侵权，我们最好的做法就是即使再小的侵权行为也不姑息，一旦发现立刻及时采取维权行动。这样我们就能够向对方传达，自己的任何权益都是不能被侵犯的，我们拥有极强的维权意识，通常在这种情况下，对方都会选择放弃对我们权益的继续侵害。

了解我们所拥有的合法权利，及时发现侵害我们合法权利的行为，是我们实现依法维权的基础。维权的关键在于及时发现自己的权益受到伤害，这样才能最大程度地挽回损失，让自己的合法权益得到最大程度的保障。

5. 维权有时效，培养精确的时效意识

　　随着员工法律意识的不断加强，员工的维权意识也越来越强了。然而维权意识的加强并不代表维权知识的增加，许多员工对法律的理解往往重实体、轻程序。也就是说，对法律的一些具体规定，我们往往通过各种途径有所了解，但对于仲裁、诉讼的程序性问题，我们却一知半解。

　　在程序性规定中，最重要的无疑是对维权时效的规定。因为一旦错过仲裁或者诉讼的时效，我们就会丧失胜诉权。即便再有理，法律也帮不了我们。

　　劳动争议时效，也就是我们日常所说的劳动争议仲裁申请时效。劳动关系当事人在权利受到侵害时，在法定时效期间内如果不行使权利，那么当时效期逾期后，劳动争议仲裁委员会和人民法院对权利人的权利就不再进行保护了。也就是说，在法律规定的仲裁申请时效期间内，权利人提出请求的，劳动争议仲裁委员会和人民法院会对权利人的实体权利进行保护，但在法定的仲裁申请时效期过后，权利人再行使请求权的，劳动争议仲裁委员会和人民法院便不再进行保护，权利人就此丧失了胜诉权。

　　《劳动争议调解仲裁法》第二十七条第一款规定：劳动争议申请仲裁的时效期间为一年。仲裁时效期间从当事人知道或者应当知道其权利被侵害之日起计算。

　　该法第二十七条第四款规定：劳动关系存续期间因拖欠劳动报酬发生争议的，员工申请仲裁不受本条第一款规定的仲裁时效期间的限制；但是，劳动关系终止的，应当自劳动关系终止之日起一年内提出。

根据上述规定，劳动争议的仲裁申请时效分为两类。一类是为期一年的一般时效；一类是追索劳动报酬的特殊时效，该时效在劳动关系存续期限为无限期，劳动关系终止的，应当自劳动关系终止之日起一年内提出。

在实践中，劳动争议大致可以分为解除劳动合同纠纷、经济补偿纠纷、调薪调岗纠纷、无固定期限劳动合同纠纷、年休假纠纷、竞业限制纠纷、服务期违约纠纷、劳动报酬（包括加班工资）纠纷、双倍工资纠纷、补缴社会保险纠纷、工伤认定纠纷等，那么这些纠纷中哪些适用时效的规定？如果适用时效规定的话，哪些类型的纠纷适用一年的仲裁申请时效，哪些又适用劳动报酬的特殊时效？对此，有必要进行一番梳理。

（1）索要双倍工资的时效。

根据《劳动合同法》的规定，用人单位自用工之日起超过一个月不满一年未与员工订立书面劳动合同的，应当向员工每月支付二倍的工资。用人单位违反规定不与员工订立无固定期限劳动合同的，自应当订立无固定期限劳动合同之日起向员工每月支付二倍的工资。

实践中，用人单位不与员工签订劳动合同，往往不会主动向员工支付双倍工资，那么，员工需要在什么期间内主张权利呢？

一种观点认为，既然是双倍工资，追索的另外一倍工资就属于劳动报酬，应当适用追索劳动报酬的特殊时效，即在劳动关系存续期间不受时效的限制，可以随时提出，如果离职则在一年内提出即可。

另外一种观点认为，双倍工资是用人单位应当承担的一种惩罚性赔偿，因此应当适用为期一年的一般时效。

关于双倍工资罚则的规定编排在《劳动合同法》第七章法律责任当中。显然，双倍工资罚则，实际上是法律在用人单位没有及时签订或者续签合同时课以的一种法律责任，其中一倍是正常出勤的劳动报酬，另外一倍工资是用人单位应当承担的一种惩罚性赔偿，因此，应当适用为期一年的一般时效。

（2）主张年休假权益的时效。

《职工带薪年休假条例》第五条第三款规定，对职工应休未休的年休假天数，单位应当按照该职工日工资收入的300%支付年休假工资报酬。

实践中，有些单位对员工未休的年休假会及时进行折薪补偿，但更多的情况是，用人单位未安排员工休年休假，也不向员工支付这笔300%的年休假工资报酬。那么在这种情况下，员工向用人单位追索年休假工资报酬应当适用一年的一般时效，还是适用劳动报酬的特殊时效呢？对此问题，在实践中形成了两种不同的观点。

一种观点认为，由于《职工带薪年休假条例》规定的是300%支付年休假工资报酬，因此，应当适用劳动报酬的特殊时效。

另一种观点则认为，用人单位支付员工300%年休假工资报酬并非一般的劳动报酬，而是用人单位由于未安排员工年休假而应当承担的一种法律责任，因此，应当适用一年的一般时效。

对于上述两种观点，我们应当更倾向于第二种观点。我们一般所称的劳动报酬是员工付出体力或脑力劳动所得的对价，而这里的300%支付年休假工资报酬是因用人单位未安排年休假而应当承担的一种法定责任，这一点与双倍工资差额争议相类似，均应当适用一年的一般时效，而不应适用劳动报酬的特殊时效。

（3）追索劳动报酬的时效。

实践中，用人单位拖欠员工劳动报酬的期限可能比较短，比如拖欠两三个月，但也可能拖欠的期限很长，有的甚至长达数年之久。那么，如果员工向用人单位追索劳动报酬，法院是否会对全部期限内的劳动报酬事项均做实体审查？

由于《工资支付暂行规定》第六条第三款规定，用人单位必须书面记录支付员工工资的数额、时间、领取者的姓名以及签字，并保存两年以上备查。因此，如果用人单位与员工就劳动报酬的支付产生争议并因此导致仲裁、诉讼的，劳动争议仲裁委员会和人民法院对用人单位是否拖欠员工劳动报酬的实体审查期限是两年，即自员工申请劳动仲裁之日起往前逆推两年，两年内的劳动报酬争议人民法院予以实体审查，两年以上的劳动报酬争议由于超过了法定的仲裁申请时效，员工已丧失了通过仲裁和诉讼途径获得法律保护的胜诉权，劳动争议仲裁委员会和人民法院不应做实体审查。

由于法律只是要求用人单位对工资支付凭证做两年的保存，因此，如果要求用人单位对两年以上工资的支付情况进行举证，显然超出了用人单位的举证能力，如果不利后果由用人单位承担，对用人单位是不公平的。因此，法院的审查范围通常仅仅局限在两年之内。

（4）要求补缴社保的时效。

社会保险是国家通过立法手段，在员工发生年老、患病、工伤、失业、生育及死亡等情形，暂时或永久失去生活来源时依法给予一定的物质帮助，保证员工基本生活需要的一种社会保障制度。

按照法律规定，劳资双方均应缴纳社会保险。实践中，用人单位补缴、少缴、漏缴社会保险的情形比比皆是，补缴社会保险劳动争议的案件数量占相当大的比例。那么，对员工要求补缴社会保险的案件，劳动争议仲裁委员会和法院是否会对补缴期限适用时效制度呢？

对于员工来说，只要我们在一般时效期限内提起劳动仲裁，对用人单位未缴纳而员工要求补缴期间的社会保险，劳动争议仲裁委员会和人民法院均会予以支持。

未缴纳社会保险费属连续实施的侵权行为，应以侵权行为终了之时确定双方劳动争议发生后的仲裁申请时限起算点。

（5）工伤认定时效。

员工受到工伤或者被诊断、鉴定为职业病的，需要及时申请工伤认定，认定为工伤或者视同工伤的，才能够享受工伤待遇。

工伤认定有一定的时限限制。《工伤保险条例》等法律法规根据不同的申请主体，对申请时限也作了不同的规定。

《工伤保险条例》第十七条规定，职工发生事故伤害或者按照职业病防治法规定被诊断、鉴定为职业病，所在单位应当自事故伤害发生之日或者被诊断、鉴定为职业病之日起30日内，向统筹地区社会保险行政部门提出工伤认定申请。遇有特殊情况，经报社会保险行政部门同意，申请时限可以适当延长。

用人单位未按规定提出工伤认定申请的，工伤职工或者其近亲属、工会组织在事故伤害发生之日或者被诊断、鉴定为职业病之日起 1 年内，可以直接向用人单位所在地统筹地区社会保险行政部门提出工伤认定申请。

根据上述规定，工伤认定的申请时限分为两种情形，一种是 30 日，即职工发生事故伤害或者按照职业病防治法规定被诊断、鉴定为职业病，员工所在的用人单位应当自事故伤害发生之日或者被诊断、鉴定为职业病之日起 30 日内提出申请，当然，特殊情况下申请时限延长的除外。

第二种情形是 1 年，用人单位未按规定提出工伤认定申请的，工伤职工或者其直系亲属、工会组织在事故伤害发生之日或者被诊断、鉴定为职业病之日起 1 年内直接提起。

那么，如果事故发生后，用人单位和员工均未在法定期限内向劳动行政部门提出工伤认定申请的话，员工能否享受工伤待遇呢？

由于员工和用人单位均未在法定期限内申请工伤认定，因此就不能够认定是工伤，员工无法再进行工伤认定申请，也不能通过劳动仲裁、诉讼的方式要求工伤待遇和赔偿。既然现行劳动法律法规对工伤认定的时限作了详细的规定，那么在法定期限内不申请工伤，是对自身权利放弃，就失去了享受工伤待遇的机会。

其他未提起的无争议维权时效都遵从一般时效。

对于我们每个员工来说，无论我们希望维护自己的哪种合法权益，都需要让自己了解不同权益维护的时效，让自己具备较强的时效意识，能够在有效的时间内对自己的权益进行合法维护。

6. 维权需证据，培养敏感的证据意识

在我们维权的过程中，除了要培养自己的时效意识，以免错过维权时效而导致自己的合法权益无法得到维护外，我们还必须让自己具备敏感的证据意识，及时发现和保留对于实现维权结果尽量追回损失有帮助的证据。

任何法律都是要讲证据的，维权同样也需要足够的证据支持我们的维权诉求，这就需要我们员工培养自己敏感的证据意识。

（1）了解维权的举证原则。

①客观真实。

作为证明权益受到侵害事实的证据必须是客观存在的事实，而不是主观臆造的。这些客观存在的事实必然会为当时的见证人所耳闻目睹，或者是以书面材料、物体的外形特征所记载和表明，就是客观存在的并能据以查明、证明案件真实情况的证据。如劳动合同，协议原件，受到侵害时的照片、录像、证人证言等，都是客观再现、证明案件事实或过程的证据。客观真实性是证据最本质的特征。

②相关及时。

作为证据所证明的事实，必须同待证的侵权事实有着内在的联系，既包括原因上的联系，又包括条件上的联系和结果上的联系，即员工借助所举的证据要能够证明侵权者的侵权行为和损害后果等事实情况的一部分或全部，否则不能称之为有效的证据。这就要求：一是要把握住取证的最佳时机，在证据可能灭失或被人藏匿等今后难以取得的情况下，还可以申请人民法院进行证据保全。二是要注重搜集证据的时效性，必

须在法律规定的责任期限内取得必要的证据，借以主张侵权者承担责任。

③合法有效。

证据的合法性是指作为证明侵权事实的证据，必须符合法律的规定，即证据的来源、内容、形式都必须合法。2002 年 4 月 1 日起正式实施的《关于民事诉讼证据的若干规定》修改了"未经对方当事人同意私自录制其谈话取得的资料不能作为证据使用"的规定，重新明确了非法证据的判断标准，即除以侵害他人合法权益（如违反社会公共利益或者社会公德侵害他人隐私）或者违反法律禁止性规定的方法（如擅自将窃听器安装到他人住处进行窃听）取得的证据外，其他情形不得视为非法证据。所以，收集证据不能通过非法手段、途径、方式或程序来获得。

④全面充分。

在司法实践中，单靠一件证据往往很难证明侵权行为的全部事实，这就需要尽量充分地收集侵权案件发展过程中的各种相关证据，既要收集书证、物证、视听资料、证人证言、当事人的陈述，又要收集鉴定结论、勘验笔录、现场笔录等证据，既要收集主要证据又要收集次要证据。只有形成一个牢不可破的证据锁链，才能经得住庭审过程中的质证程序。如员工起诉企业的工作要求对其身体健康造成伤害，就要举出证明企业提出该要求的书证、认证、录音证据、法医伤情鉴定结论、医疗证明和医药费用单据等一系列充分的证据。

除了要了解维权举证的基本原则外，敏感的证据意识还体现在对关键证据的及时保留上。

（2）最需要我们保留的维权证据。

①来源于用人单位的证据。

如与用人单位签订的劳动合同或者与用人单位存在事实劳动关系的证明材料、工资单、用人单位签订劳动合同时收取押金等的收条、用人单位解除或终止劳动关系的通知书、出勤记录等。

②来源于间接第三方主体的证据。

如职业中介机构的收费单据，与企业有关联的合作单位提供的证明，第三方监控录像提供的证据等。

③来源于相关社会机构的证据。

如发生工伤或职业病后的医疗诊断证明或者职业病诊断证明书、职业病诊断鉴定书、向劳动保障行政部门寄出举报材料等的邮局回执。

④来源于劳动保障部门的证据。

如劳动保障部门告知投诉受理结果或查处结果的通知书等。

如果我们希望自己依法维权的行为能够真正达到维护我们合法权益的目的，那么我们员工就必须培养自己敏感的证据意识，尽可能为自己的维权行为提供全方位且具有法律效力的证据。当我们把一个个事实证据紧密串联起来形成无可辩驳的证据链时，侵权者将再无狡辩的可能。

7. 维权依合同，培养严肃的合同意识

合同是当事人或当事双方之间设立、变更、终止民事关系的协议。无论是在工作还是生活中，依法签订合同都是我们每个员工实现通过法律保护自己合法权益的重要保证。当我们的合法权益受到侵害需要依法维权的时候，合同往往在其中也起到了至关重要的作用。因此我们每个员工都应该培养严肃的合同意识，这样我们才能够让合同成为保护我们合法权益的有利帮手。

在进行合同的签订时，我们必须要本着严肃的态度，除了要防范合同诈骗以外，还更应该在签订合同的各个细节上下工夫，避免因对合同细节的不注意给自己造成不必要的损失，从而让自己的维权行为失去最有力的支持。

（1）把住合同签署形式关。

合同一定要以书面形式签署，在合同中应指明在履行过程中传真件视同原件，指定具体的电子邮件地址作为双方往来函件地址，对此地址发送的所有往来函件双方均予以确认等，避免发生分歧时没有依据。

（2）留意合同签署人员。

一定要明确对方签署人的身份，确认对方具有签署权。否则，一旦出现纠纷，对方不予确认，就有可能承担败诉的后果。另外，还要确认对方加盖的是对外公开使用的印章，而非对内使用的部门章。

（3）重视合同相对方的审查。

针对一些重大合同或者与第一次合作的对象签署合同时，一定要注意对合同相对方资格的审查，核对合同中企业名称或是相对方人员名称是否与拟签订合同的名称相一致；若是分公司、分厂、办事处或是代理人员是否有资格签署合同，是否有公司或合同签署人的授权等。核对合同内容是否与拟签合同所涉及的内容存在实质性差别。如果是与企业签署的合同，要核对企业是否通过工商年检等。另外，必要时还应当了解合同相对方信誉及合同履约能力以及对其办公地点、人员、固定资产等进行考察，比如说在与企业签订商业合作合同时要求提供公司效益情况资料，税务证明，银行信用等级证明等资信证明资料；还可以通过了解其他客户的评价，了解其商业信誉及履约能力，考虑签署合同的风险比例。

（4）明确合同中的钱款支付方式。

①钱款金额的大小写应当一致，且不能发生涂改以避免产生歧义；

②钱款金额中涉及税金的应注明税金的承担方式及货款金额是否含税；

③对钱款的支付条件应明确，以降低交易风险；

④钱款支付的方式应当明确。比如说应在达成合同规定内容后五日内付款，不能只简单写粗略的付款方式，以免产生争议；

⑤合同中应当注明具体收款的账户以及开户银行。

（5）仔细阅读合同违约条款。

明确合同双方的违约责任，以及有权解除合同的条件。这些条件一定要以确定的文字形式进行表达，不能用模棱两可含糊的方式表达。违约金最好是具体明确的数字，便于执行，有利于达到预防违约的目的。

（6）争取约定在自己所在地法院管辖范围内签署合同。

争取在合同条款中明确写明合同签订地在自己所在的地方。如果双方没有就此条款协商一致，那么在合同上最后盖章的一方所在地为合同签订地。争取合同签订地的目的是在一旦发生违背合同的侵权行为时能够就近诉讼，一方面节约诉讼成本，另一方面争取"主场"优势，赢得法官在自由裁量权之内的天平倾斜。

签署合同其实是一件充满"技术含量"的事情，我们每个员工都应该让自己具备严肃的合同意识，掌握一些合同签署的技巧，让我们在合同上签下自己名字的同时，也能最大程度地给自己的权益提供足够的法律保障，并在维权时获得最有利的证据。

8. 维权守流程，了解维权基本诉讼流程

在前面我们曾经提到过，对于我们员工来说针对一般的维权我们最好采取非诉讼手段，这样往往能够节约大量的时间、精力和维权成本。然而这并不代表着我们就必须放弃通过诉讼手段来维护自己的合法权益。当我们面对严重的侵权行为时，向法院提起公诉往往才是最好的选择。这就需要我们了解维权诉讼的流程，在维权诉讼的每一个流程中我们都需要努力去做些什么，以争取最好的维权效果。

为了既能节约司法资源，又能让我们更好地打赢维权官司，达到一次制胜。我们在维权的道路上，一定要理性认识，对维权诉讼的每一个流程都认真对待。在递交诉讼之前，一定要进行案件的评估分析，充分了解维权诉讼每一个流程中的注意事项，提早做好准备，力争用最少的维权成本取得事半功倍的诉讼效果。

（1）严肃对待。

维权诉讼"打官司"是一件严肃的事情，绝非儿戏。因此，一定要本着科学的态度，理性去对待，赢则必然、败则坦然，千万不要以赌气的心态，非要争个你死我活，那就失去了诉讼的意义。

（2）诉讼开始前找准法理。

对自己诉讼的法律依据有足够的认识。认真学习维权所涉及的法律和相关规定，临时抱佛脚也是有用的，对照涉及法律的"法理"寻找支持我们的依据，支持依据越多，取胜的系数就越大。只要法理找对了，不请律师照样能打赢。

（3）提供诉讼文书资料时要立据准确。

当我们提供诉讼文书资料时，千万注意：你的维权论点一定要正确，有法律条文支持，不能拖泥带水，依据不能牵强，否则会产生无效诉讼，影响到主体诉讼效果。如我们要起诉公司无视劳动合同法，单方面解聘，我们就不要在诉讼书上提出职务升降、待遇不公、打击报复等，这些都不是同一个法律体系，后者是行政层面的，我们可以向上级主管部门进行投诉。否则等到了开庭日，不用通过最后法庭辩论程序，法官就会以诉讼主体错位，不予受理，判输退庭。

（4）做好庭审"功课"。

法庭上的民事调查阶段极为重要，有理无理都要说得清楚，也是法官采纳庭审的重要依据。因此，除了诉讼文书以外，我们一定要有以下三点简要的文书准备，以应对法官的提问和我们对被诉讼方的反驳：一是准备相关维权法律依据（适用的法律条文、在什么法律文本上、第几条几点等）；二是我们的维权论点有哪些法律条文支持，同时找出对方答辩的法律盲点（法庭会提前给你对方的申辩文书），一定要注意对方使用的应是"公权"法律，而不是企业或行业的条例和规定；三是考虑到法庭时间和庭审质量，我们在诉求时一定要口齿清楚、简明扼要，一定要慢讲让人家听得懂、声音要洪亮在气势上压倒对方，不要忘记再次提出我们的诉讼请求。

（5）应对申诉。

维权官司只要维权理由得当可以说赢得多，但是并不是每起官司赢了，被诉讼方就轻轻松松地给我们想要的结果，毕竟侵害我们权益的对方多是强者，除了面子放不下外，还有我们想象不到的社会根源和"潜规则"因素，对方很可能有的是时间和金钱与我们打游击战、持久战、消耗战，但是我们也不要失去信心，一定要坚持到最后的胜利，最终法律一定会给予我们最公正的结果。

（6）申请执行。

我们的维权诉讼请求在多数情况下都是通过法院申请强制执行，被诉讼方（被告）自愿执行或通过协议执行的很少。因此，我们一方面耐心等仲裁委（法院）调解（强制）执行之外，也要想办法加把油烧把火，例如利用周围舆论给对方施加压力，向对方表明自己的强硬态度。

当我们采用诉讼维权的形式为保护自己的合法权益做最后的努力时，首先要让自己了解维权诉讼的流程和每个流程中我们应该做的事情。只有做好充足准备，我们才能确保取得合理维权诉讼的最终胜利，让我们的合法权益得以受到法律的保护。

9.尊重维权结果，维权失败也不能恼羞成怒

无论我们通过诉讼手段还是非诉讼手段完成了依法维权的法律流程后，法律最终都会给我们一个维权的最终结果，而这一结果是具有法律效力的，且是最能够代表公平、公正和客观的。

然而维权之路并非总是一帆风顺的，有维权成功的时候自然也会有维权失败的时候。然而无论是哪种结果，我们都应该充分相信法律是公正的，不会偏袒任何人，维权失败只能证明我们在维权的过程中存在不足，亦或者我们想要维护的权利根本就是法律所不认可的。

不过事实上，有些维权者一旦发现维权结果不是自己所期待的，立刻就会恼羞成怒，完全不愿相信这一结果，甚至不惜以违法行为来宣泄自己心中的不满，然而最终却只会给自己带来更大的麻烦。

老游已经退休多年，儿子也即将结婚。老游一家喜气洋洋地到郑州一家具市场置办婚床。他看中了一款床，4000元。签了购买合同，付了全款，就等着商家送货上门。结果，床没来，商家"失联"，连商场里的柜台也撤掉了。

老游急了，要讨个说法。他从百十公里外的家找到家具市场，管理方把他像皮球一样踢到床的总经销商那里。老游的电话打给总经销商，可对方恨不得把这名多事的消费者，像麻烦一样甩出去，给他发短信说："我知道你着急，我们也在找这个经销商，但是你不能天天打电话给我吧？你已经影响到我的工作和生活……有事可以找商场解决。"

老游被踢来踢去，搞得"灰溜溜的"。他不甘心，打通工商局电话。可工商局一名工作人员说，工商局也没有办法，建议老游去法院起诉。

自认为"理不亏"的老游于是决定向当地法院起诉。然而在维权诉讼的过程中，老游没有明确侵犯其合法权益的责任方，只是盲目地把所有他联系过的经销商、商场甚至工商局一同告上了法院，并且在庭审过程中并没有能够提供购买商品时的发票，理由竟是自己把发票弄丢了。最终的结果当然是以老游败诉而告终。

然而这一结果却让老游怒火中烧，三天两头就在法院门口又喊又闹。虽然法院工作人员耐心给老游解释了他败诉的原因，然而老游却不这么认为，依旧我行我素地闹着。最终法院工作人员无奈报警，警方将老游带走并进行了严厉批评教育。

法律在对维权的请求给出最终结果时，一定是经过客观、公正的评价，因此我们也应当充分尊重法律给出的维权结果。如果只是因为自己心理上不能接受对自己不利的结果就采取不恰当的行为去闹，认为把事情"闹大了"自然就能够得到自己满意的解决结果，那我们就大错特错了。不尊重法律得出的维权结果只会让我们一次次上演"闹剧"，让别人看笑话，甚至让自己做出违法的行为，得不偿失。

当然，我们每个员工都希望法律最终给予我们的维权结果对我们是有利的，在心理上我们也很难接受维权失败的结局。要想真正做到尊重维权结果，我们就必须做好自我心理调适，对认知、情绪等多方面心理因素进行适当调整，让自己能够坦然面对任何可能出现的情况。

（1）要认识到法律重视的是事实而非人情。

很多时候我们之所以在权益确实受到损害的情况下维权失败，多半是由于没有足够的事实证据来支持我们的维权诉求，因此法院才会认为我们的维权并没有足够事实依据，进而导致维权的失败。而有些人之所以会在此时失去理智，甚至做出违法的行为来宣泄自己的不满，正是认为法律不通人情，自己权益明明受到损害法律却不能保护自己。然而法律为了保证其客观性和权威性，只能尊重事实，而不能太过注重人情，这是我们每个员工都必须认识和理解的。

（2）多检讨自己，而不是挑法律的"毛病"。

当我们遇到维权失败的情况时，首先应该进行自省，找到维权失败的自身原因，究竟是我们想要维护的权益其实根本不是法律所承认的合法权益，还是我们在维权的过程中自己存在一些疏漏。如果我们总是去挑法律的"毛病"，那么难免就会让心里产生对结果的不服气，让自己无法尊重客观的维权结果。法律是经过科学论证和对无数实践经验进行总结从而得出的客观规则，通常情况下法律是不会在是非判断上出现误差的，出问题的很有可能其实是我们自己。

（3）把事情"闹大了"最终只会让我们自己承担不必要的后果。

有些人维权失败后，就盲目地认为法律已经不能保护自己的权益了，于是就打算采用"造势"的方法试图赢得舆论和社会的支持，从而扭转自己维权失败的结果。于是乎他们就开始采用"闹"的方式，希望把事情"闹大"，引起更多的关注。然而无论如何"闹"，倘若维权依据在法律上确实站不住脚，那么也不可能赢得舆论和社会的支持。相反，如果一味地想把事情"闹大"很有可能让我们自己做出一些违法行为，从而给自己带来不必承担的恶果。

既然我们选择了依法维权，通过法律途径去维护自身的合法权益，那么我们就应当尊重法律给予我们的维权结果。只有尊重法律，我们才能够最大程度地争取到法律的保护，才能够让自己在维权道路上取得最好的结果。

第七章

重视道德修养，高尚的道德是自觉守法的基础

如果说法律是由人类社会建立的规则，那么道德就是由人们内心建立的"法律"。只有重视对道德修养的提升，我们才能够为自觉守法打下良好基础。一个用道德约束自己行为的优秀员工不会做出违法行为。

1. 违背道德离违法只有一步之遥

如果说法律是我们每个员工行为的底线，那么道德就是我们思想的底线。相比于法律，道德对我们有着更高层次的要求，它不仅仅比法律更严格地要求我们约束自己的行为，同时还要求我们纠正自己的错误思想和价值观，建立高尚的人格和品质。

可能有些员工在工作和生活中尚且能够做到遵守法律，而对于道德的恪守却不以为意。甚至有些人认为在现如今的社会中，崇尚高尚道德品质的人只会"吃亏"，而违背道德既能让自己获利，又不会受到什么惩罚。然而实际上，违背道德与违法仅有一步之遥，如果我们无视道德的沦丧，那么触犯法律也只是时间问题。

林森浩与黄洋均为复旦大学上海医学院2010级硕士研究生，分属不同的医学专业。2010年8月起，林森浩入住复旦大学某宿舍楼421室。一年后，黄洋调入该寝室。之后，林森浩因琐事对黄洋不满，逐渐怀恨在心。

2013年3月29日，林森浩在大学宿舍听黄洋和其他同学调侃说愚人节即到，想做节目整人。

林森浩看到黄洋笑得很得意，便联想起其他学校用下毒整人的事件，便计划投毒"整"黄洋，让同学难受。

2013年3月31日下午，林森浩以取物为借口，从他人处借得钥匙后，进入复旦大学附属中山医院11号楼204影像医学实验室，取出其于2011年参与医学动物实验后存放于此处的、内装有剩余剧毒化学品二甲基亚硝胺原液的试剂瓶和注射器，并装入一个黄色医疗废弃物袋中带离该室。

2013年3月31日17时50分许，林森浩携带上述物品回到421室，趁无人之机，将试剂瓶和注射器内的二甲基亚硝胺原液投入该室饮水机内，后将试剂瓶等物装入黄色医疗废弃物袋，丢弃于宿舍楼外的垃圾桶内。

2013年4月1日9时许，黄洋在421室从该饮水机接水饮用后，出现呕吐等症状，即于当日中午到中山医院就诊。4月2日下午，黄洋再次到中山医院就诊，经检验发现肝功能受损，遂留院观察。4月3日下午，黄洋病情趋重，转至该院重症监护室救治。

2013年4月16日，黄洋经抢救无效，于当天下午3点23分在上海某医院去世。经法医鉴定，黄洋系因二甲基亚硝胺中毒致急性肝坏死引起急性肝功能衰竭，继发多器官功能衰竭死亡。

2013年4月19日下午，上海警方正式以涉嫌故意杀人罪，向检察机关提请逮捕复旦大学"4·1"案犯罪嫌疑人林森浩。

复旦大学发生的投毒案，尽管已经过去了一段时间，人们依然在不断追踪事件的起因、经过、结果，在不断反思我们的教育。悲剧总是让人刻骨难忘，仅仅因为一点小事，一个研究生用卑劣手段谋杀了另一个研究生，两个天之骄子以悲惨和耻辱的两种截然不同的形式凋零。

十多年来在各类犯罪案件中，"高学历、高智商、低龄化"成为发展趋势。从至今真相仍未大白的清华女生朱令铊中毒案，到马加爵杀害室友案，使这些受到了良好教育，也具备一定法制观念的高学历人才走上了犯罪的道路背后的原因正是道德的缺失。

对于我们每个员工来说，无论我们拥有怎样的法律意识，掌握多么丰富的法律知识，倘若无视对自己道德修养的维护，肆意践踏道德的底线，那么最终也会踏上违法犯罪的道路。

之所以说道德的丧失离违法犯罪仅仅一步之遥，是有原因和根据的。

首先，道德的丧失会让我们遵纪守法的根本立场产生动摇。有这样一句话："一个内心充满高尚道德情操的人是绝对不会犯罪的。"道德作为人类社会中比法律更高一层次的约束力量，虽然并不具有法律那样的强制力，然而却是我们建立正确人生观、价值观，保持正确立场的基础。一旦我们的道德开始沦丧，那么我们的价值观也将扭曲，而遵纪守法的信念自然也就会产生动摇，进而最终走上犯罪的道路。

其次，道德防线的崩溃会让守法的防线难以抵挡种种客观消极影响的攻击。当我们具备良好的道德修养时，如果我们在工作和生活中遇到了一些外界的消极刺激，这些刺激会首先经过道德层面的"削弱"。良好的道德品质能够让我们建立正确的认知、健全的人格和稳定的情绪，让我们抵御消极影响的能力大大增强。如果我们的道德防线彻底崩溃，就会产生一系列心理问题，而此时我们倘若受到了消极影响，那么守法的最后防线也将不堪一击。

最后，良好的道德品质能够让我们有效削弱"侥幸心理"的影响。当我们员工具有良好的道德品质时，从道德上就不会允许自己以"侥幸心理"去尝试钻法律的空子，因为这首先就违背了我们所遵从的道德标准。这让"侥幸心理"这一很难克服的不良心理得到了极大的遏制，最大程度避免了我们走入违法犯罪的深渊。可以说道德品质是立在法律底线前的又一道坚实防线，能够让我们更好地做到遵纪守法，同时把遵纪守法的信念上升到一个更高的高度，那就是遵守道德。

永远不要认为舍弃道德并不会给我们带来什么实质性的惩罚。当我们把道德丢弃时，我们也就丢弃了保护我们不做出违法行为的最重要防线。道德的沦丧是违法犯罪的开端，迈出违背道德的这一步后，我们离违法也就仅有一步之遥了。

2. 培养高尚的职业道德

　　对于我们每个员工来说，遵守职业法律可以说是维系我们能够在职业道路上继续前行的基础。然而我们不能仅仅满足于此，我们每个员工心底都希望自己能够成为一名遵纪守法的优秀员工，能够在职业道路上创造属于自己的辉煌，这就需要我们除了遵守职业法律外，还要培养自己高尚的职业道德。

　　职业道德，就是同人们的职业活动紧密联系的符合职业特点所要求的道德准则、道德情操与道德品质的总和，它既是对本职人员在职业活动中的行为标准和要求，同时又是职业对社会所负的道德责任与义务，是一般社会道德在职业生活中的具体体现，是职业品德、职业纪律、专业胜任能力及职业责任等的总称。

　　作为一名拥有16年驾龄的公交车司机，郑崇英一直坚持文明驾驶，热情待客，每日往返于南海车站和林岳市场之间。因为资历老、技术好、服务优质，她常被大家亲切地称为"英姐"。

　　线路开久了，常常会碰到一些粗心的乘客，为避免乘客下错车，郑崇英养成了一个习惯，乘客上车总会多问一句："您要坐到哪一站下车？"这多问的一句话帮助了不少"马大哈"，也让乘客感受到温暖。

　　有一次，郑崇英驾驶车辆时听到车厢中传来呼救，一个孩子在奶奶怀里抽搐。在征得乘客同意并保证安全的情况下，郑崇英将祖孙二人送到医院，然后返回岗位继续执行任务。

在车上，她常备着雨伞，遇到下雨天没带伞的乘客，她会主动把自己的雨伞借出去；每次捡到乘客遗落的物品，她都一一保管好，设法归还。

郑崇英在工作中所体现出的这种高尚职业道德，不但让她自己收获了荣誉和他人对自己工作价值的肯定，同时也带动了一批身边的公交司机，让一个个道德模范司机涌现出来，给社会又增添了一分正能量。

与遵纪守法一样，培养好的职业修养是每一个员工的"必修课"，良好的职业道德是每一个员工都必须具备的基本品质，这两点是企业对员工最基本的规范和要求，同时也是每个员工担负起自己的工作责任必备的素质。同时，职业道德是社会道德体系的重要组成部分，它一方面具有社会道德的一般作用，另一方面它又具有自身的特殊作用。

（1）员工培养高尚职业道德的主要作用。

①调节职业交往中从业人员内部以及从业人员与服务对象间的关系。

职业道德的基本职能是调节职能。它一方面可以调节从业人员内部的关系，即运用职业道德规范约束职业内部人员的行为，促进职业内部人员的团结与合作。如职业道德规范要求各行各业的从业人员，都要团结、互助、爱岗、敬业、齐心协力地为发展本行业、本职业服务。另一方面，职业道德又可以调节从业人员和服务对象之间的关系。如职业道德规定了制造产品的工人要怎样对用户负责，营销人员怎样对顾客负责，医生怎样对病人负责，教师怎样对学生负责等。

②有助于维护和提高本行业的信誉。

一个行业、一个企业的信誉，也就是它们的形象、信用和声誉，是指企业及其产品与服务在社会公众中的信任程度，提高企业的信誉主要靠产品的质量和服务的质量，而从业人员职业道德水平高是产品质量和服务质量的有效保证。若从业人员职业道德水平不高，很难生产出优质的产品和提供优质的服务。

③促进本行业的发展。

行业、企业的发展有赖于高的经济效益，而高的经济效益源于高的员工素质。员工素质主要包含知识、能力、责任心三个方面，其中责任心是最重要的。而职业道德水平高的从业人员其责任心是极强的，因此，职业道德能促进本行业的发展。

④有助于提高全社会的道德水平。

职业道德是整个社会道德的主要内容。职业道德一方面涉及每个从业者如何对待职业，如何对待工作，同时也是一个从业人员的生活态度、价值观念的表现；是一个人的道德意识，道德行为发展的成熟阶段，具有较强的稳定性和连续性。另一方面，职业道德也是一个职业集体，甚至一个行业全体人员的行为表现，如果每个行业，每个职业集体都具备优良的道德，对整个社会道德水平的提高肯定会发挥重要作用。

既然已经知道培养职业道德与遵守职业法律一样，都对我们员工乃至企业和整个社会有着重要帮助，我们每个员工就应该着手努力培养自己优秀的职业道德。

（2）培养高尚职业道德的关键方法。

①树立符合社会需要的正确道德观念。

要想让培养出自己高尚的职业道德，我们每个员工首先必须树立正确的道德观念。我们要以中国传统道德为模板，把那些被认可、传颂的高尚品质铭记于心，并要求自己努力在工作和生活中通过行动体现出来。要给自己树立这样的原则：违反道德的事情就像违法犯罪一样，是绝对不能做的，把道德同样当做自己最后的底线，视之为自己生命中最宝贵最重要的东西。

②抵制职场不良风气，不盲从不乱学。

现如今职场中职业道德缺失严重，各种不良风气在人与人之间传播。面对这样的局面，我们员工更应该从自身做起，去抵制一些违背职业道德的思想和行为，从自身做起在职场中传播高尚道德品质的正能量。只有我们人人都去这样做，才能够与那些不良风气相抗衡，最终将它们赶出职场，实现净化职场环境的大目标。倘若我们人人都去盲从，都去乱学那些不良风气，那么只会令我们的工作环境乌烟瘴气，这无疑对任何员工都是没有好处的。

③以职业道德楷模作为自己的榜样，激励自己。

榜样的力量是无穷的，我们在做事情时如果能够在心中有一个榜样去带动自己，那么就能够让我们拥有更坚定的信念将这件事进行到底。员工不妨看看自己企业所宣扬的那些道德模范在工作中是如何做的，把他们树立成自己心中的榜样，去学习他们的一言一行，这样我们就能够在这种学习的过程中坚持提升自己的职业道德修养，拉近自己与道德楷模之间的差距，最终让自己也成为人人为之看齐的道德"旗帜"。

"居善地心善渊，与善仁，言善信，正善治，事善能，功善时。夫为不争，故无尤。"《道德经》中的这句话之所以能够千古流传，正是因为道德对于实现每个人自身的进步，实现社会的进步都有着不能否认的巨大推动作用。我们每个员工若能培养高尚的职业道德，那么无论对于我们自身的职业发展还是对于企业、社会的长远发展也都会产生巨大的助力。

3. 讲究社会公德，坚守公平、正义和诚信

如今城市越来越繁华物质生活越来越充裕，我们每个员工无不感受到市场经济发展给我们生活带来的积极变化，然而就在这一片欣欣向荣的景象之中，却存在着一个极不"应景"的现象，社会公德的倒退和缺失。

越来越多的人对于金钱、地位的追求已经达到了近乎狂热的程度，

"拜金主义"的盛行把金钱、地位推上了社会舞台的中心。然而当我们的目光都被金钱、地位的光芒所吸引时，承载着中华民族优秀品质的传统社会公德却被丢弃在了无人关注的角落，这对于我们每个人和整个社会来说其实都是一种巨大的悲哀。

社会的进步除了体现在物质生活的日渐提高上外，同样也体现在精神文明的不断发展。倘若我们仅仅关注自己物质生活的改善而忽略了社会公德心的培养，那么我们只能在一瘸一拐中前行，必然会给社会和自身的发展带来阻碍。

作为一名员工，我们不但要培养自己在工作中的职业道德，更应该将这种高尚道德品质的培养延续到我们的生活中，让自己在生活里讲究社会公德，维护社会公德，弘扬社会公德。

89岁的阮亚柳老人坐107路公交车从塘边站到南山疗养院。"只有短短三站的距离，想不到老人会摔倒"，儿媳妇蓝女士说起当天发生的事一脸自责，"真不该让老人一个人坐公交车"。

当天，老人下车时，脚刚着地，手还扶在车门上，司机却把车开走了，老人没站稳，一个趔趄被狠狠摔倒在地。老人的后脑勺着了地，很快就起了一个大包。这时候，正在等公交车的叶文贤看到后，冲了过去，关切地询问老人的状况，此时，公交车司机也发觉不对劲了，马上停下车。

叶文贤发现老人当时的精神状况还不错，还让他帮忙拨她儿子的电话。在等待老人儿子过来的时间里，因为不太清楚老人的身体情况，叶文贤叫老人不要轻易爬起来，等家人过来再做处理。老人坐在地上，叶文贤蹲在地上，一边安慰老人，一边还教育了那个"粗心"司机。他说："事情既然发生了，你也逃不开，该承担的责任还是要承担，一会儿老人家属过来，情绪要是激动你可要忍着点，要理解人家。"

20分钟后，老人的儿子急匆匆赶过来了，把老人送往医院做全面检查，并再三请求叶文贤留下联系方式。

有记者在得知这一事件后希望找到他进行拍照报道，他婉言拒绝，只是在电话里对记者说当天他刚下班，准备坐公交车回去，刚巧就碰到这一幕了。对于网上一些"扶老人被讹诈"的事件，他也知道，但他不怕，因为他坚信无论对方如何做，起码在此时此刻他代表着正义。

"摔倒老人该不该扶"的话题已经热议了很长一段时间，然而仔细想想其实这本不该是需要"讨论"的话题。这一话题之所以能够引起争议，一方面是由于确实存在老人摔倒"讹人"的情况，另一方面也是现代人过于在乎自己的利益而变得冷漠。然而不管是哪种原因都证明了，现如今的社会公德心已经有所缺失了。

人倒了可以扶起来，公德心倒了可能就再也扶不起来了。作为一名员工，我们理应培养自己的社会公德心，为撑起整个社会的公德心贡献自己的力量。要想首先撑起自身的公德心，我们需要最重要的三根"脊梁"——公平、正义与诚信。

（1）客观处事，维护公平。

无论是在我们的工作还是生活中，在处理事情时我们都应该本着客观的原则，秉持公平的态度。每个人在社会中的地位不尽相同，我们身边既有比我们更有"实力"的强者，也有在经济和社会地位上都不如我们的弱者。然而这种社会地位和经济实力上的差距绝不应该成为我们选择处事方法的标准。就事论事，对就是对错就是错，没有人有颠倒黑白的资格，这是社会公德心最起码的体现。我们每个员工都期待在社会中得到公平的对待，那么我们首先就必须学会公平对待他人。己所不欲勿施于人，在这个社会里总有比我们强的人，如果我们不希望自己在面对强者的时候受到不公平的对待，那么就应该在面对弱者时以公平的态度给予对方最大的尊重。

（2）弘扬正义，不惧"隐患"。

在现如今的社会中，越来越少的人敢于挺身而出维护正义，究其原因还是害怕自己维护正义的行为会给自己造成"隐患"，给自己的利益带来损害。确实，正义的行为未必能够让我们一时得到回报，甚至有可能会让我们因此而付出"代价"。但是我们要明白坚守正义的目的并非索取回报，而是为了唤醒社会道德，为了弘扬社会公德心。如果在一个社会中，维护正义的事情人人都不敢做，反而破坏正义的行为屡屡得到纵容，那么可想而知我们的社会生活环境将变得多么不堪，我们的生活也会深受其害。坚守正义是因为我们相信正义的行为是对的，记住这一点我们就能不惧所谓的"隐患"。

（3）恪守诚信，抵御诱惑。

谁的人生都不可能从谎言中绽放。诚信是我们每个员工都应该恪守的道德底线，失去了诚信我们将一文不值。诚信是支撑社会道德的支点，也是一个人社会公德心的基本体现。信人者人恒信之，我们只有向他人展现自己的诚信，才能够得到对方同样的回报，这样诚信就会在我们身边传播，让我们周围建立起牢固的信任"圆环"，形成良性循环。

要想做到恪守诚信，最重要的就是能禁得起诱惑。很多人之所以放弃了诚信的基本原则，就是因为难以抵御利益的强烈诱惑，为了尽快获取这些利益不择手段，不惜采取欺骗的方式。然而当他们自认为聪明地欺骗了他人时，其实他们仅仅欺骗了自己的灵魂。谎言终有破灭的一天，到了那时依靠谎言而得来的利益也将不复存在。利益的损失还在其次，一个人一旦失信于人，那么再想建立信任就更是难上加难，失去诚信我们损失的很可能是一辈子的宝贵"财富"。

讲究社会公德对于我们每个员工来说都是肩负起社会责任的重要一步。努力在自己的人生旅途上让自己的存在成为别人的喜讯，让自己周围的每一个人感受到温暖与幸福，让他们重新相信公正、正义、真诚原来真的没有从我们身边消失。

4. 弘扬家庭美德，打造和谐家庭

家庭是社会的"细胞"，也是我们每个员工情感的归宿和心灵的港湾。孟子有云：天下之本为国，国之本为家，家之本为身。我们每个员工都该努力弘扬家庭美德，让和谐家庭成为我们工作和生活的最坚实后盾。

现如今职场压力越来越大，我们员工在工作中也投入了越来越多的精力，因此对家庭道德建设的疏忽也就时有发生，"后院起火"的情况并不少见。然而我们必须明白，家庭与我们的事业同等重要，在我们提升职业道德打造优质职业生涯的同时，也不能忽略对家庭美德的培养，这样我们才能够获得家庭、事业双丰收。

裴跃勇是一名电气工程师，1992年1月，他在工作中不慎出了意外，从15米高空直坠到地上，重伤造成截瘫，全靠怀孕的妻子兼职维持生活。出院后，他开过小店，也修理过家用电器，还开过残疾车，因各种原因都没能做下去。遭此厄运，他并没有消沉，因为他总是能看到自己身边妻子的坚定支持。于是他打算用自己原来所学的电子电气技术知识来自主创业，改变现状、改变命运。在妻子的鼓励和帮助下，裴跃勇创办了自己的公司，经过十几年的打拼，家庭生活得到了很大改善，儿子今年即将大学毕业，准备去国外留学。今年，裴跃勇家庭也被评为"最美家庭"。

都说"婆媳亲，一家亲"，这句话用在吴月娟家是最贴切不过了。说起如何处理好婆媳关系，或许有些人会认为媳妇不跟婆婆住一起矛盾就少了。但是，沈贞的想法恰恰相反，她和婆婆不光住同一个屋檐下，在单位还是一个部门的同事。之前，婆婆吴月娟因为走路失足跌倒而住院治疗，还没正式嫁来吴家的沈贞就从早到晚地照顾她。吴月娟动情地说，"有时候我上班太累，就把脏衣服偷偷藏起来想第二天再洗，但每次都被媳妇找出来及时洗掉。"6年来这对婆媳不仅没红过脸、吵过架，而且她们抢着照顾老小、抢着操持家事、抢着做家务，被同事和邻居笑称为"三抢婆媳"。

当然，要想真正打造出像这样的和谐的家庭氛围，仅仅对家庭予以足够关注还是不够的，还需要通过恰当的手段去引导，让家庭美德在我们的引导下不断成长，感染家庭中的每一个成员。

（1）建设和谐家庭要弘扬尊老爱幼的精神。

古语说"百善孝为先"。中华民族自古重视孝道，孝道文化传承数千年，经典孝道故事层出不穷，古有"董永卖身葬父""包实夫孝心感虎"等，现实生活中也是不乏其例。人人都有父母，今天，我们要弘扬家庭美德，建设和谐家庭，首先要从孝敬父母做起。茅山顶宫有一副对联，"在家不孝敬双亲，何必临山朝师尊"，意思是说一个不孝敬父母的人整天烧香拜神也是徒劳无益。是啊！"谁言寸草心，报得三春晖？"父母孕育缔造了我们，教育培养我们，使我们健康成长，对我们呕心沥血、毫无保留。父母之恩，终生难报，孝敬父母天经地义、责无旁贷！在我们身边，有很多孝敬父母的生动事例。"父爱如山，母爱似水"，父母对子女从来都是只讲付出，不求索取，孝敬父母不仅体现在物质层面，更多地体现在精神层面，父母很多时候需要的不是金钱物质的给予，而是心灵和精神上的慰藉。一个关切的电话，一句贴心的问候，几句茶余饭后的闲聊，偶尔陪伴左右的漫步，对父母就是最大的安慰。所以说，孝敬父母重要的是心中有父母，时刻牵挂着父母，常怀一颗感恩的心。

　　爱幼要讲究艺术。目前，普遍存在对子女爱护过度的现象，特别是三代同堂、四代同堂的家庭，独生子女好似"小皇帝""小公主"，捧在手里怕摔了，含在口里怕化了，"饭来张口，衣来伸手"。俗话说："严是爱，宠是害。"如果一味娇惯宠爱子女，无原则地迎合、满足孩子的要求，就会使子女形成任性、放纵、骄横、自私、冷淡、孤僻、怕失败、怕挫折等不健康心理素质，影响孩子的成长。因此，对子女应当做到爱和严相结合。当然，严格要求并不等于体罚，有的家长仍信奉"棍棒之下出孝子"，这种做法容易导致孩子产生逆反心理。必须针对孩子的心理特点，启发诱导孩子纠正错误，改正缺点，逐步养成良好的行为习惯。

　　（2）建设和谐家庭要遵从男女平等、夫妻和睦的原则。

　　夫妻是家庭的重要成员，夫妻和睦、志同道合、共同进步，是家庭和谐的关键，是关乎家庭稳定的枢纽，是幸福和谐家庭的标志，只有正确处理好夫妻关系，实现夫妻和谐，家庭和谐之舟才能劈波斩浪、扬帆远航。俗话说，"百年修得同船渡，千年修得共枕眠"，成为夫妻是前世修来的缘分，我们要倍加珍惜，争当表率，履行"执子之手，与子偕老"的庄严承诺，摒弃男尊女卑的封建思想，夫妻恩爱，相敬如宾，相濡以沫，扮好家庭主角。对上孝敬双方父母，尊敬长辈，做子女的榜样，对下呵护幼小，悉心教育培养，履行好为人父母的神圣责任，把家庭建设成为温馨、幸福的避风港，稳定可靠的栖息地。

　　（3）建设和谐家庭要做到勤俭持家。

　　"谁知盘中餐，粒粒皆辛苦。"幸福和谐的生活来之不易，它是全体家庭成员辛勤耕耘的结果，是大家智慧和汗水的结晶，凝聚着全体家庭成员的心血，我们应该始终保持勤俭持家、艰苦朴素的优良传统，在工作中奋力拼搏、积极进取，不断创造更加优渥的物质条件，在生活中厉行节约、反对浪费，大力培养健康文明的生活方式，倍加珍惜劳动成果，悉心呵护美好家园，守住幸福，共创和谐。

　　（4）建设和谐家庭要做到邻里团结。

　　搞好邻里团结重要的是互相尊重。邻里之间应该以礼相待、互谅、互让、互帮、互助，团结友爱。良好的邻里关系对人们的生活、工作、学习等各方面都大有益处。我国劳动人民一贯重视邻里关系，民间流传着许多名言，如"邻里好，赛元宝""远亲不如近邻"等。"孟母三迁"的故事更是妇孺皆知。然而，近年来，人们发现，随着科学技术的飞速发展，特别是信息时代的到来，我们与世界各地人民的联系越来越近，相反，与自己对门而居的邻里之间的关系似乎越来越远了。现实生活中特别是在城市，住在同一小区、同一幢楼，相互之间不了解、不熟悉的人并不少，有的甚至对门住了好几年，也不知邻居姓甚名谁、在哪里工作。固然，随着改革开放的不断深入，现代家庭的生活方式、休闲方式等发生了很大变化，邻里关系面临许多新情况。特别是城市里的楼房越盖越多、越盖越高，不少家庭告别平房和大杂院搬进了设施齐全的单元住宅，客观上也给改善邻里关系带来诸多不便。但是，我们仍可以根据现代社会生活的要求，建立良好、新型的邻里关系。

家和万事兴，弘扬家庭美德打造和谐家庭，无论是对于我们员工自身事业的发展还是对于整个社会的发展，都有着重要的作用。当我们在加强自身道德建设的同时，也不要忽略了帮助自己的家人一同实现道德素养的提升，让我们在每天回到家中时都能够感受到最美好的家庭氛围。

5. 宽容处事，避免"激情犯罪"

在工作和生活中我们难免会与他人发生冲突，或是受到他人不经意间的伤害。当我们感受到伤害时难免会产生愤怒、激动的情绪，由于受到这种情绪的影响，我们就很可能做出违法行为，这就是所谓的"激情犯罪"。然而无论是何种原因，违法就是违法，我们必须极力避免这种"激情犯罪"的发生。

培养高尚的道德情操有助于避免出现违法行为，而在避免"激情犯罪"时，倘若我们能够拥有宽容的高尚品格，那么往往就不会导致恶性事件的发生。在很多时候，其实事情本身带给我们的伤害并不大，对我们造成巨大伤害带来不良后果的往往是我们对事情的看法。

二战期间，一支部队在森林中与敌军相遇，发生激战，最后两名战士与部队失去了联系。他们之所以在激战中还能互相照顾、不分彼此，是因为他们是来自同一个小镇的战友。两人在森林中艰难跋涉，互相鼓励、安慰。

十多天过去了，他们仍未与部队联系上，幸运的是他们打死了一只鹿，依靠鹿肉又艰难地度过了几日。可也许是因战争的缘故，动物四散奔逃或被杀光，这以后他们再也没看到任何动物，仅剩的一点鹿肉，背在年轻战士的身上。

这一天，他们在森林中遇到了敌人，经过激战，两人巧妙地避开了敌人，就在他们自以为安全时，只听到一声枪响，走在前面的年轻战士中了一枪，幸亏只是伤在肩膀上。后面的战友惶恐地跑了过去，他害怕得语无伦次，抱起战友的身体泪流不止，赶忙把自己的衬衣撕下，包扎战友的伤口。

晚上，未受伤的战士一直叨念着母亲，两眼直勾勾的。他们都以为自己的生命即将结束，身边的鹿肉谁也没动。

天知道他们怎么过的那一夜。第二天，部队救出了他们。

事隔30年后，那位受伤的战士安德森说："我知道是谁开的那一枪，就是我的战友。他去年去世了。在他抱住我时，我碰到他那发热的枪管，但当晚我就宽恕了他。我知道他想独吞我身上的鹿肉活下来，但我也知道他活下来是为了他的母亲。"

"此后30年，我装着根本不知道此事，也从不提及。战争太残酷了，他母亲还是没有等到他回家，我和他一起祭奠了老人家。后来他跪下来，请求我原谅他，我没让他说下去。我们又做了二十几年的朋友，我没有理由不宽恕他。"

往往在我们的利益受到伤害的危急时刻，宽容才是终止一切麻烦的"法宝"。与其说宽容是对他人的仁慈，其实倒不如说是对自己的仁慈。宽容即放下，放下了才能免于受到接下来的伤害，放下了才能让自己的心情得以平复，避免由于过激情绪导致的违法行为。

当然以德报怨说起来简单，要想真正在实际工作和生活中做到如此宽容却并不是一件容易的事情。但是当我们的权益受到损害时，我们还是可以通过一些技巧在心中说服自己，避免由于过于激烈的情绪而做出不理智的举动。

（1）不要用"显微镜"看待伤害自己的人。

任何物体的表面，都不是绝对的平整。在人们的眼里，玻璃是很平整的，假如用显微镜去看，在显微镜下，它也是坑坑洼洼；在人们的眼里，手掌也是平整的，假如用显微镜去看，在显微镜下，它也是沟沟壑壑。同理，任何人都不是完人，都有缺点与短处。即使很优秀的人，若我们用"显微镜"一般苛求的眼光去看他，也会发现他有许多缺点。因此，我们不要用挑剔苛求的眼光去审视伤害我们的人。要知道"苛求美人美人丑，苛求智者智者愚"，更何况是对我们造成伤害的人。我们宽容地去看待导致我们受到伤害的行为，仅就事论事，不通过一件事挑对方本身的"毛病"，自然也就不会激发自己的过激情绪。

（2）发生矛盾不要仅仅苛求别人，看看自己是不是做得更不好。

看着很容易的事，实际上做起来往往是很不容易的。有些时候他人对我们无意间造成的伤害可能并非他们的本意，而是确实因为客观因素的影响让他们没有做好。因为，"看着"与"干着"的感觉、体会、认识是完全不一样的。看着的人，由于只是看着，没有亲身去做，所以很容易只看到事情的易做之处，看不到事情具体的多方面的难处。因此，我们不要一味地指责和苛求别人，想一想如果自己是对方能否确保在这种情况下也不会伤害到别人。也许我们就会发现自己很可能也干得一塌糊涂，远不如别人。

（3）要明白宽容他人就是宽容自己。

当我们受到他人的伤害时，若总"咬"着这件事情不放，不依不饶，那么实际上也是对自己的又一次伤害。试想，如果我们每天总是想着自己受到了他人的伤害，必须让他付出代价，那么愤怒和复仇的情绪就会控制我们，让我们每天都处在负面情绪的影响之下，甚至做出违法的行为。这一切的后果都需要我们自己去承担。与其如此，我们倒不如选择宽容他人，因为这样就相当于放过了自己，避免了可能出现在自己身上的"二次伤害"。

（4）得理饶人更有理，得理不饶显无理。

常言道：得饶人处且饶人。意即自己虽然有理，别人做得的确不对与理亏，但是只要别人真心地认识到了自己的错误，承认自己的错误，且保证改过，我们就要给以宽容。这样，一是显得自己大度，能容忍别人对自己的冒犯、容忍他人犯错误；二是显得通情达理，人非圣贤孰能无过，犯了错误若认识到错误、有悔过之心就应该给予宽容谅解，给人以改正的机会。所以在自己有理的情况下，能宽恕知错之人，就会显得自己更有涵养、更知情理，也更能缓解双方的紧张情绪，避免过激行为的出现。

宽容能够让人格绽放光芒，这种光芒足以让我们心中的任何黑暗面消弭。宽容对待伤害我们的人，当我们以平静的心态面对工作和生活中的这些小小"意外"时，我们就不再会怒不可遏，当然也就不会因为自己的过激情绪而闯入法律的禁区。

6. 刚正不阿，永远不做违心之事

当我们做出违法行为触犯法律时，法律会予以我们不可抗拒的制裁，正是法律的这种强制力约束我们的行为，才能保证我们做到遵纪守法。相比于法律，道德可能并不具有如此效果出众的"技能"，然而它会通过我们内心对自己的谴责来对违背它的人进行另一种惩罚。

如果我们希望自己能够培养出优秀的道德品质，像遵守法律一样不去触碰道德的底线，那么就必须培养自己刚正不阿的意志，永远不去做违心的事情，让道德真正成为能够约束我们想法和行为的又一道"防线"。

一个士兵，非常不善于长跑，所以在一次部队的越野赛中很快就远落人后，一个人孤零零地跑着。转过了几道弯，遇到了一个岔路口，一条路，标明是军官跑的；另一条路，标明是士兵跑的小径，而在这个岔路口并没有负责看守的人。他停顿了一下，虽然对做军官连越野赛都有便宜可占感到不满，但是仍然朝着士兵的小径跑去。没想到过了半个小时后到达终点，却是名列第一。他感到不可思议，自己从来没有取得过名次不说，连前50名也没有跑过。但是，主持赛跑的军官笑着恭喜他取得了比赛的胜利。

过了几个钟头后，大批人马到了，他们跑得筋疲力尽，看见他赢得了胜利，也觉得奇怪。但是突然大家醒悟过来，在考验自己良心的岔路口选对方向是多么重要。

在工作和生活中，我们其实一直接受着自己良心的监督。只有做到刚正不阿不做任何违心的事情，我们才能让自己免于良心上的谴责，才能够心安理得地度过每一天。

当然，在缺少外界督促的情况下想要坚定内心的操守，坚守自己所应该奉行的高尚道德品质并不是一件容易做到的事情。然而，我们仍旧需要不断用各种方式提醒自己。只有做到刚正不阿才能够不让自己的道德沦丧，才能远离违法犯罪的道路，才能真正实现人生中的成功。

（1）告诉自己，做违心的事就是堕落的开始。

在工作和生活中，总是有一些人为了一点点眼前的利益就出卖了自己的良心，做出了违心的事情。他们以为这样能够在不受到惩罚的前提下让自己实现"利益最大化"，却没有发现自己的灵魂已经开始堕落。而这种堕落通常会一发而不可收，很快就会导致走上违法犯罪的道路。因为我们曾经尝到了破坏道德规范而不受惩罚的"甜枣"，因而对于破坏规则产生了一种驱力，殊不知接下来我们就要挨法律的"棒子"了。

（2）不要认为良心的责罚比法律的制裁更"轻"。

有些人之所以做出违心的事，归根结底还是认为道德并不像法律一样能给予自己实质性的惩罚。然而当我们真正做了违心的事时就会发现，良心上的谴责同样痛苦不堪，有时甚至更胜于法律的制裁。这也就是为什么有很多犯罪分子不堪忍受心理上的巨大压力，最终选择了自首。良心的谴责虽然不能给我们造成实际上的惩罚，却会给我们带来诸多负面心理和压力，这种无形的重压往往是我们更难以承受的。

（3）刚正不阿并非"傻"，而是能够获得成功的聪明做法。

现在社会上确实存在着太多所谓"潜规则"，让刚正不阿的人看起来处处碰壁。然而"潜规则"不管在何时也不可能成为堂堂正正的"规则"，因为它并不代表正确的价值观。刚正不阿可能确实会让我们在工作和生活中遇到一些困难，然而这些困难并非不能克服。如果我们因为这点困难就选择做违心的事，那么等待我们的只可能是自己种下的恶果。

如果我们能够保持刚正不阿的优秀品质，总有一天它会成为我们人格上耀眼的闪光点，让我们收获成功。

正直是我们员工最该具备的人格和品质，也是成功道路上必备的"指南针"。保持我们那份刚正不阿的品格，即便成功道路上充满迷雾，我们也永远不会迷失方向，最终到达违心之人永远无法触及的巅峰。

7. 只交益友，不与违法之徒沆瀣一气

在我们身边的人形形色色，既有道德品质高尚的人，当然也会有品格败坏的人甚至是违法之徒。正所谓近朱者赤近墨者黑，他人的思想和行为我们看在眼里记在心里，或多或少会受到影响。因此，在与人交往的过程中我们也必须做出正确的选择，只交益友，远离那些"损友"，永远不与违法之徒沆瀣一气。

在我们的一生中，财富不一定是真正的"朋友"，不过真正的益友却一定是一笔"财富"。一个益友能够帮助我们建立和保持优秀的道德品质，能够在我们即将犯错误时进行善意的提醒。然而一个损友则让我们感受到表面上的所谓"友谊"，实际上却通过他违背道德和法律的行为对我们进行潜移默化的不良影响，最终让我们走上错误的道路。

今年16岁的张琴和17岁的姐姐张燕都是含山县环峰镇人，读完了初中便辍学在家。为了让两个女儿有事情可做，父母东拼西凑十几万元资金给两人在含城开了一家服装店。服装店的生意曾一度红火，姐妹俩的生活也过得充实有奔头。

就在姐妹俩创业致富的梦想一步步实现的时候，她们在社会上结识到了王某、张某等无业青年，开始出入 KTV 等一些娱乐场所，并在这些"朋友"的怂恿下沾染到了毒品。由于对毒品的危害认识不足，姐妹俩吸过几次之后就上瘾了，难以自拔。

从此以后，张氏姐妹和所谓的"朋友"几乎天天在一起。张某、徐某等社会青年想吸毒时，就来到姐妹俩开的服装店里，自认为这里"最安全"。想吸毒时，姐妹俩及张某、王某等人共同凑钱，然后由王某出去购买冰毒。购买冰毒回来后，几人将店门拉下来，然后躲在店里面共同吸毒，共有数十次之多。自此，姐妹俩渐渐地无心打理服装店，生意一落千丈，最终资不抵债，服装店不得不关门停业。10 月 20 日 13 时许，含山警方接到群众举报后，将正在服装店里吸毒的姐妹俩及张某、王某等人一举抓获。

我们每个人的价值观念和道德标准都会受到周围人和环境的影响从而发生改变。倘若我们周围充斥着各种"损友"，那么我们所接受到的信息多半也都是违背道德和法律的，久而久之我们就会被他们所"同化"。千万不要对自己"出淤泥而不染"的能力报以太大希望，事实证明再清澈的泉水如果总与墨汁相伴，总有一天也会被染黑。

既然我们员工在与人交往的过程中要努力去结交对我们有所帮助的益友而远离那些可能让我们违背道德和法律的"损友"，那么我们就必须掌握一定的交友原则。有了正确的交友原则，我们就能绕开那些"害人精"，让自己远离违法的歧途。

（1）总是陪伴在你身边的人未必就是益友。

每个人都希望自己身边能常有朋友陪伴，因此也总是盲目地认为那些经常有时间陪自己的人就是我们的"益友"。其实每个人都有自己的生活，真正的益友不可能总是陪伴在我们左右，毕竟他们也有自己的工作，也有自己必须要完成的事情。反而是那些总是在我们身旁"陪伴"、看起来很闲的人，却可能是在生活中无所事事或是对我们的某些利益有所企图的"损友"。真正的朋友不在于相聚的时间有多长，而是哪怕一年只见一次面却依旧能够彼此鼓励彼此促进，成为彼此心中的牵挂和寄托。

（2）那些"不容忍"我们犯错的人才是真正的朋友。

这里所说的"不容忍"我们的人并非不能包容我们和原谅我们的人，而是不去姑息和纵容我们犯错的人。有一句话说得好：容忍朋友的错误比容忍敌人的错误更难。真正的朋友是希望我们越变越好的，是希望我们能够从错误中吸取教训避免不断犯错的。因此，真正的朋友不会肆意容忍我们的错误，更不会纵容我们。相反，当我们犯错时，真正的朋友往往会一针见血地指出我们的不足，暴露我们的问题，他们实际上是希望用这种方法让我们意识到自己应该做出好的改变。

（3）结交道德水准在我们之上的人。

道不同不相为谋，如果我们是一个追求高尚道德品质的人，那么在与人交往的过程中就要选择那些比我们道德水平更高的人。如果我们面对一个不法之徒还甘愿与之成为朋友，那么我们就选择了自甘堕落。朋友应该是能够对我们产生正面影响，引领我们走上正途的人。因此，我们在交友的过程中一定要考量对方的道德水准和行为准则，一个经常做出违法行为的人是绝不可能与我们同行在遵纪守法的正确道路上的，如果我们发现自己和这样的人同路，那么说明我们已经误入了歧途。

（4）不要用一个人的外在因素去判断他的人品。

正所谓知人知面不知心，一个表面穿着光鲜亮丽处处透露出优雅的人，很可能有着一颗渗透着罪恶的内心；一个外表邋遢其貌不扬的人，内心却很可能比任何人都美丽。通过外表去判断一个人的内在品质是十分愚蠢的，因为外表可以修饰，然而内心却无法伪装。在与人交往的过程中，我们应更重视交心，而不是因为与外表光鲜亮丽的人为伴更"有面子"。衡量一个人是否能够成为我们朋友的标准永远都是道德品质至上，而不是那些名牌服装和首饰修饰至上。

交得益友我们将获得终身受用不尽的财富，交得"损友"我们将走入万劫不复的境地。决定我们能够成为一个什么样的人有两个因素：一是我们自身如何塑造自己，二就是我们选择什么样的交际圈子。选对了朋友，我们也就很可能选择了正确的道路。

第八章

弘扬守法精神，积极参与共建企业法律文化

无论对于企业还是员工，企业法律文化建设程度对于各自的发展都有着至关重要的影响。从自身做起弘扬守法精神，让守法精神在企业内不断传播。加快企业法律文化建设的步伐，让员工与企业一起在遵纪守法的氛围中实现共同发展和进步。

1. 弘扬守法精神，让企业充满守法氛围

　　当我们身处于一个集体当中，就会受到集体氛围的感染，从而对我们的内心造成影响。如果我们的企业处在一个守法氛围的环绕之中，那么企业中的每一个员工也都将受到这种气氛的影响而产生更强的法制意识和遵纪守法的意愿；如果企业充满着违法乱纪的氛围，那么员工也将因此而目无法纪。

　　我们每个员工都希望自己在企业中拥有更安定的工作环境，希望我们身边的每一个同事都是遵纪守法的员工，这也就需要我们为弘扬企业法治精神，帮助企业营造守法氛围贡献自己的力量。

　　小张是一位年龄刚二十出头的小伙子，菏泽人。毕业后他被分配在河南某建筑分公司的一工地上工作。

　　在工地上干了不到一个月，小伙子因违反操作规程，施工中发生了意外事故，把自己的左脚砸伤了，公司把他送到当地医院进行了及时治疗。

　　当地医院本来已经给他治好了，但是由于小张家是农村的，家里特别贫穷，个人卫生习惯很不好，出院后，自己也没注意伤口的卫生护理，结果伤口又感染了。得知情况后，公司立即打电话安排人把小张接到了医院。由专人亲自安排他的住院事宜，并交上了住院押金。

　　可半个月后，当企业派人去医院结账接小张出院时，却发现已是人去床空，失联了。企业已给每个工人入了保险，但因

没有小张的签字，企业自己垫付的 1 万多医药费也没处报销，保险公司的赔偿金也没人领。

最后小张还是自己回到了公司中，并进行了道歉。后来经过了解才知道，小张和他的家人认为是自己的过失导致了意外事故的发生，是自己惹了麻烦，公司还给出钱治病。出院后，自己又不注意，感染了伤口，也是自身的责任，而公司还这么好心地帮着安排医院给进一步治疗，既感觉欠了公司，又害怕负担不起医疗费用，因此才选择了逃跑。然而最后小张还是觉得自己应该做一个遵纪守法的人，自己该承担的责任不能逃避，况且公司并没有因为是自己的过失导致受伤就不闻不问，依旧遵守了法律的规定给予了他及时的帮助，他也不能允许自己出现任何违法和对不起企业的行为。

其实小张就是因为法律意识不强，不知道自己的"工伤"是受到法律保护的，才做出了逃跑这一荒唐的举动。也正是由于企业的守法精神对他的感染，让他最终还是选择回到了企业之中，坚守了遵纪守法的底线。虽然小张并未真的违法，但是这种现象正体现出了企业的守法精神和守法氛围对于增强每个员工守法意识的关键作用。

在企业中，也会存在着法律意识淡薄的人，通过更多的努力让法律精神得到弘扬，让企业充满守法氛围，那么这些员工也一定会被感化，认真学习法律知识提升法律意识，这无论对于企业还是员工自身来说都是十分有益的，毕竟谁也不希望自己身边的同事是一个不知法、不懂法、不具有法律意识的"危险因素"。

当然，要想真正弘扬企业守法精神，光靠嘴上说是远远不够的，我们还必须通过日常工作中的种种行为让守法精神得到体现和传播。

（1）严格要求自己，做遵纪守法的表率。

企业守法精神的弘扬离不开每一个员工的努力，只有从自身做起严格要求自己，在每一件工作每一个行为上都做到遵纪守法，我们才能够在日常工作中的一点一滴上体现出守法精神。当这种守法精神在越来越多的员工身上体现时，就能够在企业中形成正确的法治文化，从而让企业充满遵纪守法的氛围。如果我们每个人都只是寄希望于别人起到表率作用而不注意对自身的严格要求，那么就没有人会真正为弘扬企业守法精神而付出努力，自然也就不可能营造遵纪守法的氛围。

（2）积极参加企业为弘扬守法精神而组织的活动。

我们对于企业弘扬守法精神给予最大支持的重要途径就是去积极参加企业组织的相关活动。如果我们人人都去积极参加这样能够推动企业法治化发展的活动，让这些活动呈现"热闹"的景象，那么往往就能够吸引更多的人来参与其中。如果每个人都消极对待企业组织的弘扬守法精神的活动，导致活动无法正常开展，那么我们的企业也就将失去弘扬守法精神的重要手段，阻碍守法精神在员工间的传播。

（3）对身边的同事进行积极引导。

要想让企业守法精神得到真正传播和弘扬，我们除了要严格要求自身外，还应该努力带动身边一些法律意识淡薄的同事。只有越来越多的人被企业守法精神所感染，才能真正实现建立遵纪守法的企业氛围，才能够真正弘扬企业的守法精神。在日常工作中，我们一方面可以通过自己的行为来彰显守法精神，潜移默化地让他们意识到遵纪守法的重要性；另一方面我们也可以在这些员工遇到法律问题时及时给予他们力所能及的帮助，或是给他们提供获得法律援助的途径。

弘扬企业守法精神既是为了让企业获得更稳定的发展，也是为了给我们员工自身提供一个安定的工作环境。在做到自身遵纪守法的前提下，我们每个员工也都应该尽力去帮助企业建立遵纪守法的整体氛围，带动周围人形成连锁反应，让守法精神在员工之间传承。

2. 积极参与企业法律文化宣传工作

企业对于守法精神进行弘扬的一个重要手段就是进行法律文化宣传工作。作为一名希望企业守法精神得到弘扬的员工，我们在做好自身传播守法精神的同时，也应该投身到这一重要的工作当中，为企业法律文化宣传贡献自己的力量。

然而在实际中，要想真正让自己在企业法律文化宣传工作中起到作用，往往并不像说起来那样容易。企业法律文化宣传作为一种传播企业守法精神的手段，想要真正达到效果就需要参与者付出足够的努力。

（1）参与企业法律文化宣传要做到"真重视"。

要做好企业法律文化宣传工作，首先要端正思想，真正对其予以重视。仅仅在会议上表态重视，或者仅在一时一事上重视，还称不上真正重视。重视法宣工作，应该从三个方面着手：

①要从思想上真正认识法律宣传工作的重要性。

邓小平同志曾经指出，"我国民主法制的传统很少""加强法制重要的是加强教育"。法制宣传正是实现这一"教育"的有效途径之一。通过法律文化宣传活动我们可以引导企业中的每个员工自觉遵守宪法和法律，弘扬民主、法治思想以及先进的法律文化，推进社会主义精神文明与法治文明建设。

②要真正明确法律宣传工作的内容定位。

企业的中心工作是生产，而建立遵纪守法企业氛围则能够为生产提供助力。因此，法律宣传工作绝不能游离于生产之外，法律宣传过程中的内容要与实际生产工作相贴合。例如在向员工宣传守法在工作中的重要性时，要多以实际生产中的案例进行宣传，在传播法律知识时也要以我们员工最需要、使用最频繁的法律为主。

③要鼓励更多的员工自觉地把法律宣传视为己任。

在我们进行法律宣传工作时，除了要做好对法律知识和法律精神的宣传，还应该尝试调动其他员工的主观能动性，让他们加入法律宣传工作当中，付出自己的热情与心血。对于积极参与法律宣传工作的员工，我们应该加以鼓励和表扬，并向其他同事宣扬他们的行为。这样就会有越来越多的人加入到法律宣传工作中，壮大法律宣传队伍的力量，更好地推行企业守法精神。

（2）参与法律宣传工作要"鼓实劲"。

法律宣传工作离不开更多员工的重视与支持配合，但这些因素只是"外因"，外因是事物发展的条件，内因才是决定的因素。因此，做好法律宣传工作最重要的还得依靠我们这些已经投入到法律宣传工作中的员工自身努力，做到鼓实劲、干实事、求实效。

当然，做好法律宣传工作，只有实干的热情是不够的，还必须有好的工作方法。一是"沉下去"，法律宣传工作要"沉"到企业生产工作中去，深入到员工基层，尽量掌握第一手资料，及时发现法律宣传工作的漏洞和不足，及时改正和弥补。二是"贴上去"。法律宣传工作要紧紧围绕员工的日常工作这个中心，贴近生产实践，主动为生产实践服务。如果离开了这一中心，法律宣传工作就成为无源之水，无本之木。三是"提上来"，即把法律宣传工作水平不断提高，为此思路要宽一点，眼界要远一点，质量要高一点，要看得准要害，抓得住重点，拎得出观点。四是"打出去"。法律宣传工作不能满足于发表"豆腐块"文章，这样难以"打"出影响、无法树立起形象。为此必须经过精心准备，让宣传手段更吸引员工，让宣传形式更别出心裁。

（3）法律宣传工作需要我们参与员工的"巧策划"。

法律宣传工作要深入发展，必须不断创新。尤其是在形式上要创新。随着科技的进步，法制宣传形式也在不断增多，从传统的文字报道、图片新闻、广播宣传逐步扩展到现代的影视资料、网络媒介等。法律宣传工作要善于利用新媒体，扩大覆盖面和影响力。法律宣传工作的宣传策划要能够抓住企业内的典型事迹，例如对遵纪守法标兵行为的赞扬，对一些违反法纪导致严重后果行为的宣传警示等。

此外，法律宣传工作还需要在策划过程中紧密围绕当前企业法治文化建设的形势和员工的迫切需要。要总结企业目前正处于什么样的法治文化建设程度，同时也要多方了解企业员工最需要得到的法律知识方面的帮助。

在积极参与到企业法律精神宣传活动中时，我们每个员工都应该投入热情与努力，要在法律宣传工作中出实力，干实事。只有这样法律宣传工作才能够在我们的努力推动下真正把企业守法精神散播到企业的每一个角落，每一名员工身上。

3. 带头守法，成为企业的守法标兵

任何一种企业精神的弘扬都离不开榜样的推动作用，守法精神也不例外。一个企业中若是总能涌现守法的标兵，那么就能够带动更多员工向遵纪守法的正确道路上靠拢，真正实现企业内人人守法。

虽然并非每个人都能在实际中成为遵纪守法的标兵，但是我们每个员工都应该有这样的愿望，也将其付诸行动。只有这样企业的守法标兵才能够不断涌现，才能够后继有人。倘若人人都不愿意带头守法，对成为企业守法标兵毫无意愿，那么企业的守法精神也将渐渐消失。

不过要想成为守法标兵，我们不仅要增强自己的守法意识，还必须在思想和行为上都做到最好，做成企业中的佼佼者。所谓标兵就是能够成为企业中其他员工的表率，因此只有将遵纪守法做到极致才能够成为他人学习的榜样。

要想让自己达到如此高度，我们就必须在日常工作中实现以下四个目标：

（1）要敬畏法律，做尊法表率。

十八大以来，习近平总书记多次强调领导干部"要心存敬畏，手握戒尺"。对于我们每一个员工来说，要时刻牢记法律面前人人平等，必须始终对法律心存敬畏，始终牢记法律红线不可逾越，法律底线不可触碰。让敬畏法律，尊崇法律成为我们的常态思维。只有这样我们才能够在任何情况下都在思想上以法为尊，以法律为指导自己工作的第一准则。

（2）要加强学习，做懂法榜样。

学法、懂法才能不犯法。要想成为守法标兵，我们就必须比其他员工更懂法，比其他员工更认真刻苦地学习法律知识。作为普通员工，可能我们只需要学习与自己岗位相关的职业法律和生活工作中最常用的基本法律知识就足够了。然而要想成为企业的法律标兵，我们还必须涉猎更广的法律知识，对于与自己行业息息相关的法律进行深层次理解。并且要将学习法律常态化。知识无涯，学无止境，只有不断学习法律知识，才能跟上法律变化的步伐，才能成为与时俱进的守法标兵。

（3）要严格自律，做守法先锋。

俗话说：其身正，不令而行。我们员工要想成为守法标兵就要带头遵纪守法，自觉摒弃与法律法规相悖的"习惯做法"，让"言必合法，行必守法"成为一种行为风尚。这样其他员工看在眼里才会以我们为榜样去学习，也才能把这种严格自律的守法态度传播给其他员工。

（4）要厉行法治，做用法模范。

如果我们想要成为企业的守法标兵，仅仅着眼于守法本身还不足够，还应该实践我们所掌握的法律知识，将法律应用到实际工作中，依法办事。这就要求我们在工作中必须转变思维模式，在做任何工作前先思考如何才能用法律来保证自己的工作不脱离正轨，保护自己和企业的合法权益。当然更不能违法使用权力，以言代法、以权代法。

在一个企业中，如果有一个紧握守法大旗的排头兵，那么他身后一定不缺乏追随者，企业的守法精神自然也就能够得到弘扬。让我们每个员工都力争带头守法，做弘扬企业守法精神的先锋。

4. 制止身边违法行为，做维护法律的"哨兵"

当我们自身已经做得足够好，甚至成为企业的守法模范员工，我们就可以说自己"几乎"是一名合格的遵纪守法好员工。之所以说是"几乎"，并非因为我们自身做得还不够好，而是除了严于律己，我们还要对身边的违法行为进行制止，不仅要做守法的标兵，更应该成为法律的"哨兵"。

在实际工作和生活中，可能很多员工都能做到自己遵纪守法，然而当身边他人发生违法行为时，却只是"睁一眼闭一眼"，既不参与也不制止，以免惹上"麻烦"。因此，大部分员工只能说"几乎"是一名合格的遵纪守法员工。在自己的能力范围内制止违法犯罪的发生是每个员工的基本责任，只有肩负起这一责任，我们才算真正做到了让自己成为一名合格的遵纪守法好员工。

10月9日上午，在兰大一院门前，从天水来兰州看病的于先生在路边遭遇四名歹徒当街抢劫，当于先生与四名歹徒搏斗时，

过路的数十名群众只是站在路边观望，却无一人上前相助，最终
歹徒趁于先生不备，抢夺于先生的2200元现金后逃之夭夭。

于先生说，当时他一边高喊"抢劫"，一边拔腿向男子逃窜
的方向追去。在五里铺什字一家栗子店门前，于先生追上了抢
夺钱包的男子，并用一只手臂勒住男子的脖颈，要求男子立即
归还其钱包，可他发现钱包里原有的5000元现金，仅剩下1800
元。随后，于先生又从男子口袋中搜出1000元，但另外2200元
现金已不知去向。

由于于先生和男子在拉扯中，不慎闯入了路边的栗子店内，
栗子店的老板不仅没有伸手相助，反而试图将于先生和男子推
出门外，在路边围观的数十名过路群众也只是站在路边指指点
点，无一人伸出援手。就在此时，原本被于先生制服的男子其
他三个同伴赶到，并叫嚣着对他说："你不用呼救，没有人敢管
的，你自己怎么跟我们斗！"然后拨开围观的人群，向马路对面
有恃无恐地步行离开了。随后，当于先生询问围观群众男子的
去向可能是向哪里逃窜时，围观的群众却突然散去，没有一个
人站出来告知于先生。无奈之下，于先生只好离开了现场。

法律需要人来维护，而公安机关从接到报警到阻止违法行为必然会
产生滞后性，我们每一个目睹了违法行为的人其实都有责任在自己能力
范围内尽量去阻止违法行为，对违法行为的熟视无睹就是在变相地纵容
罪犯。

当然，让我们成为法律的"哨兵"去制止身边的违法行为，同样也
需要技巧和策略，毕竟我们并不是全副武装的公安人员，也不具有法律
赋予使用强制手段的权力。

（1）永远把自己的生命安全放在第一位。

当我们身边发生违法行为而我们想要去阻止时，永远记住保护自己
的生命安全是第一准则。我们提倡见义勇为，但是不提倡一定要用生命

去证明我们维护法律正义的决心。任何阻止违法行为的做法都要以确保自身安全为前提。毕竟我们只是手无寸铁的员工，倘若与不法之徒实力悬殊还去以命相搏，那只能说是勇气可嘉然而智慧不足。

（2）找到间接阻止违法行为的方式。

对于我们每个员工来说，不管阻止什么样的违法行为本身都是具有风险性的，而如果我们直面违法行为的实施者去阻止他，难免会发生一些我们无法预料的突发情况，导致我们的生命健康受到威胁。如果我们选择一些间接阻止违法行为的方式，有时能够达到同样的效果并且也能保证我们自身的安全。

例如，我们可以在违法行为发生时大声高喊自己已经报警，警察马上就会赶来之类的方式恫吓违法行为的实施者，让他们因为惧怕被抓住而终止违法行为；或者我们可以高声呼救，转移违法行为实施者的注意力，让其必须分心注意我们的行动，拖慢违法行为的实施过程，为公安机关争取更多时间及时抓捕违法者。

（3）敢于举报尚未被发现的违法行为。

在我们的工作和生活中，有些违法行为可能并非像暴力犯罪那样"直接"，而是采用更隐蔽的方式，例如偷窃、贪污等。这些违法行为具有极强的隐蔽性，如果无人举报很难被法律所发现，并予以相应制裁。如果我们的身边存在一些隐蔽的违法行为，我们要敢于揭露它，向公安、司法机关进行举报，让任何违法行为都无可乘之机。有些员工可能因为害怕打击报复而装作没看见这些违法行为，然而这样做不但让法律和正义无法伸张，也不能避免我们成为对方的"眼中钉"，毕竟我们还是发现了违法者的违法行为，而对方可不会相信我们"没看见"。因此，最好的方法就是揭露这些行为，让不法之徒受到应有的惩罚，既能真正让法律保护我们的安全，也能够让正义得到维护。

（4）劝导身边存在违法行为的人终止违法行为。

当我们发现自己身边有人进行了违法行为并逃脱了法律的制裁时，如果是情节极其轻微的，那么我们应该及时劝导其不再实施违法行为，如果有因此而获得利益的，应该劝其退回利益所得。如果是情节较为严重的违法行为，在有可能的情况下我们也应该劝其自首。当然如果我们的劝导没有效果，也一定要及时报警。不要认为这是一种"背叛"，其实这才是对违法者最好的帮助，否则总有一天他们难逃法律的制裁，到时候结果可能会比现在更加惨痛。

在我们的社会中，之所以有人能够钻法律的空子，有犯罪分子敢气焰嚣张地大胆实施自己的违法行为毫无顾忌，正是因为我们的法律太缺乏"哨兵"。作为一名遵纪守法的员工，我们有责任肩负起法律"哨兵"的责任，成为无处不在的"法眼"，让任何违法行为都无法逃脱法律的制裁，让违法之徒无处藏身。

5. 绝不传播消极违法心理

在我们工作和生活中总是存在这样的人，他们喜欢跟他人讨论一些关于"如何违法"的问题，设想着如果自己是一名违法者，如何才能逃脱法律的制裁；亦或者经常将一些违法言论挂在嘴边，例如"我一定要用什么样的手段打击报复某人"或者"我一定要想办法陷害他"等。

这些言论看似只是茶余饭后的"玩笑"，然而实际上却对其他人产生着极大的不良影响。这些违法言论透露出的是一种消极违法心理和对法律的不尊重，既然是心理，它就会传播，就有可能影响到周围人，而让一些心理防御机制较弱的人因此而产生违法行为。与此同时，这种消极违法心理如果在一个相对较为固定的圈子中不断传播，还可能会导致一种"群体无意识"的状态，让所有人都丧失法律意识，从而导致更严重的后果。

因此，在我们做好自身遵纪守法的前提下，我们也应当确保自己不会传播或无意间传播一些消极违法心理，这就要求我们在平时与周围人的交流过程中提高警惕，既要防止自己成为消极违法心理的传播者，也不要被这种心理所传染。

（1）不做关于实施违法犯罪的想象。

我们每个人都有一定好奇心，越是不允许做的行为，越是会在心中想象它。违法行为由于受到法律的约束，在实际中很多人是不会做也是不敢做的。然而不敢做不代表不敢想，不乏有员工总是在脑海中一次次想象着自己实施犯罪并成功"打败"法律逃脱惩罚的情景。可能有些人会说想想又不犯法。确实，如果只是想并不会触犯法律，然而却会在心中滋生消极违法心理，并影响自己的言行。即便能够控制自己不去真正实施这些错误想法，但是也有可能在与他人交流的过程中表露出来，从而给他人带来不良影响。其实说到底，遵纪守法并不仅仅是对于行为的要求，更是对于思想觉悟的要求。因此一名遵纪守法的员工是绝对不该想象去违法犯罪的。

（2）不组织参与对违法犯罪行为的集体讨论。

现如今随着社交媒体平台的不断涌现，我们很容易实现异地之间的多人会话与交流，而有一些人却在这种交流时经常提出一些关于进行违法犯罪行为的讨论。这种讨论看似是虚拟的，然而却真真切切地会影响着每一个参与讨论的人的正确守法观念。这种效应在心理学和社会学中被称为"群体极化"。

所谓群体极化，是指群体成员中原已存在的倾向性得到加强，使一种观点或态度从原来的群体平均水平加强到具有支配性地位的现象。微博作为一种颇受欢迎的社交平台，促使群体可以借助这一虚拟空间展开群体讨论，或是做出决策。这一过程中，群体中原本的多数意见得到巩固和加强，多数人的意见上升为群体的主流意见，最终导致"极化"现象。

举个很典型的例子——网络谣言的传播。

"不要喝留放在汽车里的瓶装水"——有位朋友的母亲最近才被诊断出乳腺癌。医生告诉她："女性实在不应该喝留放在汽车里的瓶装水，热能和塑胶瓶子两者遇在一起就会产生化学物质，这会导致人们罹患乳腺癌。"2011年6月，这条由某家晚报官方微博发布的微博转发量一度多达44000多条，引起了大量网友特别是开车一族的高度关注。之后辟谣帖及时出现，请专家出面明确证实纯属无稽之谈。但是，当时的澄清微博转发量只有64条。人们还是热衷于对谣言的转发和评论，而对辟谣帖熟视无睹。由此看出，当想法相似的个体通过微博汇集在一起，若他们中的大部分人本来已倾向于相信这一说法，那么他们很可能通过对这一谣言的转发、评论或是群体相互讨论更加坚信这一说法。群体一旦形成这种意见的极化现象，谣言就很可能被更为广泛地传播开来。

即便很多人知道网络上的许多信息都是编造的是不能相信的，然而一旦这些信息经过集体讨论加工后，很可能每个人都会深信不疑。而对于违法犯罪行为的讨论也是如此，在讨论的过程中由于违法犯罪的概念不断被我们的主观进行加工，最终就会让我们下意识地接受这种影响，从而给我们做出违法行为带来了心理基础。因此，我们每个员工都不应该参与到这种形式不恰当的讨论中，也不要成为这种讨论的发起者。不要为消极违法心理传播提供媒介。

（3）及时阻断消极违法心理的传播。

在很多时候，传播消极违法心理的根源可能并不在我们员工自己身上，而是身边有人在不停向每个人散播这种恶劣的消极心理。此时我们应该采取一些手段及时终止消极违法心理的传播。我们可以首先对传播这样心理的人表现出反感和抗拒，让他意识到自己的这种言论并不受欢迎；并且我们还可以与身边其他人进行沟通，让大家达成一致的共识，疏远这些消极违法心理的传播者，从而让自己免受其影响。

很多违法犯罪行为的发生都是由于违法者受到了消极违法心理的影响，而这种心理的传播者其实就是一个间接的"犯罪者"。我们每个员工都不该成为消极违法心理传播的"帮凶"，也要尽量避免被这种心理所影响。让遵纪守法不仅仅表现在我们的行为上，更深深扎根于我们的内心，才能让守法精神在我们身上体现，并传播和弘扬。

附　录
值得你了解的 30 个劳动法律常识

（1）关于签订劳动合同一

签订了劳动合同，在法律上就承认劳动者与企业的劳动关系了，用人单位无法逃避责任。我国目前也承认事实劳动合同，就是不签订书面合同，但是实际存在用工关系。

注意：确认事实劳动合同需要劳动者举证，比如招工、面试时的名册，工作证，工作牌，工资支付凭证，缴纳社会保险记录，考勤记录，其他工人记录，录音录像等，都可算为证据。

（2）关于签订劳动合同二

用人单位在用工 1 个月内与劳动者订立书面劳动合同，不违法；用工 1 个月内劳动者不签订，用人单位可以终止劳动关系，不用支付补偿金。用工超 1 个月不满 1 年未签订劳动合同的，用人单位每月支付 2 倍工资，起算为用工 1 个月后，截至签订之日；一年最多要支付 11 个月；如果劳动者不签订，用人单位应终止劳动关系，支付补偿金。用工超过 1 年，用人单位与个人未签订劳动合同，将视为无固定期限劳动合同。

（3）关于签订劳动合同三

招聘时，用人单位不得以任何形式牟利，不得抵押身份证，不得收取押金、定金等。劳动者也要如实说明自己的情况。签订劳动合同时，用人单位要向劳动者说明公司章程规则等，最好能让劳动者签字证明其已经知晓全部内容，否则劳动者很可能会以不知道公司章程为由违反公司章程，企业最后还可能败诉。

（4）关于劳动合同无效

违反法律、行政法规强制性规定的劳动合同无效；以欺诈、胁迫的手段或者乘人之危，使对方在违背真实意思的情况下订立或者变更的劳动合同，比如劳动者用假文凭等，属于欺诈；用人单位免除自己的法定责任，排除劳动者权利的劳动合同。无效的劳动合同已经履行的，应按事实劳动关系处理，用人单位应当按照相关法律规定支付赔偿金。

（5）关于试用期

劳动合同一般有试用期，仅约定试用期的，直接视为合同期限。合同期限签订 3 个月到 1 年的，试用期不得超过 1 个月；1 年到 3 年的，不得超过 2 个月；3 年以上和无固定期限的，不得超过 6 个月。试用期内，解除劳动合同，劳动者需提前 3 天通知用人单位；用人单位解除需说明理由。试用期工资不得低于本单位相同岗位最低档工资或约定工资的 80%，并不低于最低工资标准。续订劳动合同，不得再规定试用期。

（6）关于服务期

劳动合同可能有服务期。双方约定，用人单位提供其专项培训待遇，劳动者为用人单位服务满约定期限，不得单方解除。劳动者违法，支付违约金，违约金不超过培训费用。

（7）关于保密事项

离职后，保密条款仍然有效，合理期限为离职后三年。也就是关键工作岗位人员（高管，技术等）在离职后三年要保守公司商业秘密，否则要承担违约金。法律没有规定关于保密条款企业要支付任何多余的费用给劳动者，这是劳动者的义务。

（8）关于竞业限制

时间最长两年，企业要支付两年的钱补偿给劳动者，以劳动者在职时的工资为标准。如果劳动者违反，那么要承担违约责任。

（9）关于劳务派遣问题（人才租赁）

派遣单位需与劳动者签订 2 年以上固定期劳动合同，按月支付劳动报酬。无工作期间，按最低工资标准付给劳动者工资。不得以非全日制用工形式招用劳动者。

（10）关于劳动合同解除，企业要解雇劳动者

劳动者有过错如下的：适用期内不合格（表现达不到企业录用时的要求）；劳动者严重违纪；劳动者严重失职，营私舞弊，给单位造成重大损失（严重失职＋给单位造成重大损失）；劳动者同时与其他单位建立劳动关系，给完成工作任务造成严重影响；劳动者被依法追究刑事责任（行政拘留不是刑事责任）。用人单位可以不必依法提前预告而立即解除劳动合同的行为，不存在经济补偿问题。

劳动者没有过错的：劳动者患病或因公负伤，医疗期（不是患病期间）后，不能从事原工作任务，也不能另行安排的；劳动者不能胜任工作，经培训或者调整工作岗位后，仍不能胜任的（必须经过培训或者调整岗位仍然不能胜任）。用人单位可提前30天通知劳动者并支付补偿金，或者额外支付一个月工资可代替30天。

（11）关于解雇的补偿

如果因为上面讲的劳动者过错的，没有补偿金。如果不是因为劳动者过错的，那么到离职时，每工作满一年补偿金算一个月；工作6个月到1年，按1年；工作不足6个月，按半个月；最高不超过12年的补偿金；劳动者工资高于市级平均工资3倍的，按3倍计算；不足最低工资标准，按最低工资标准计算；劳动者工资为解除关系前12个月的平均工资；劳动者工资包括奖金，津贴，补贴等。

（12）关于赔偿金

赔偿金的金额是2倍补偿金，企业支付了赔偿金，不再支付补偿金。赔偿金适用情形如下：未支付补偿金，有关部门限期支付，企业仍不支付，按应付金额的50%到100%追加赔偿金；企业不得因员工参加工会解除劳动合同，这样做是违法的，应当恢复劳动关系，补发因不当解除合同而损失的工资或给予员工年收入2倍的赔偿。

（13）关于工作时间

依国家法律规定劳动者在一昼夜之内和一周之内用于完成本职工作

的时间。

注意：包括生产或工作前必要的准备和工作结束时的整理时间；因用人单位的原因造成的等待时间；参加与工作有直接联系并有法定义务性质的职业培训和教育时间；连续有害性健康工作的间隙时间；女职工哺乳的往返时间，孕期检查时间。

（14）关于工作时间概况

年工作日：250 天（365 天扣除 104 天休息日和 11 天法定节假日）；季工作日：62.5 天；月工作日：20.83 天；计薪日：21.75 天。

（15）关于我国目前工时计算方法

标准工时：每天 8 小时，每周 40 小时，每周至少休息一天。

计件工时：以工人完成一定数量的合格产品或者一定的作业量来确定劳动报酬，每周 40 小时，每天工作时间灵活。

缩短工时制：特殊条件下从事劳动或有特殊情况的职工，包括：过度繁重体力劳动；夜班工作时间减少 1 小时；女职工哺乳期每天减少 1 小时；未满 18 岁小于 8 小时。

不定时工作制：劳动者工作时间不能受固定时数限制。比如企业的高管，外勤，推销等；企业的长途运输人员等，可综合计算工时制；有的行业特殊，不能按天算，比如修路、建设工程等，即分别以周、月、季、年为周期计时，包括需要连续工作的岗位；受季节或自然条件限制的，不定时工时制也要遵守每年最大工时和最大加班时间的计算：最大加班 432 小时（36×12）；最大正常上班 2088 小时（21.75×12×8）。

（16）关于休息

工作日内的间歇休息时间：4 小时后休息一次，不少于半小时；工作日之间的休息时间：不得少于 16 小时；不休加班工资是正常工资的 150%。工作周之间的休息日：至少一个休息日，不休加班工资是正常工资的 200%。

（17）关于法定节假日休假

国家规定 11 天，必须休，适逢周末，补假；不休加班工资是正常工资的300%。

（18）关于探亲假

指与父母或配偶分居两地，属于带薪假。

享受的条件为：工作满一年，不住一起，公休日不能团聚（不能与父母任何一方，不是双方）。

时间：探望配偶每年一次，一次30天；未婚职工探望父母，每年一次20天，或两年一次45天；已婚职工探望父母，每4年一次，20天。适逢周末不再另行补假。

工资标准：标准工资发放加路费。产假与探亲假地点一致，不休探亲假。

（19）关于婚丧假

本人结婚或直系亲属（父母、配偶、子女，不包括岳父母）死亡，本单位领导批准，1天到3天，工资照发。

（20）关于年休假

累计工作满1年不满10年，5天；10年到20年，10天；20年，15天；法定休假，休息日不计入；企业统筹安排，考虑职工意见，一般不跨年。不休加班工资是正常工资的300%。

（21）关于产假

产假98天，其中产前15天，产后83天，难产增加15天。

（22）关于哺乳期

产后一年，包括产假在内。

（23）关于病假

生理概念，事实上需要治疗的时间。有病假工资。

（24）关于医疗期

劳动者患病或非因工负伤停止工作治病休息不得解除劳动合同的时限，在规定的医疗期内，用人单位不得依照《劳动合同法》第四十条、第四十一条的规定解除劳动合同。

（25）关于加班加点

只有企业安排才算加班加点，企业不安排不算。换言之，劳动者主动加班不算加班，没有加班工资。每天一般不超过 1 小时，特殊行业每天不超过 3 小时，每月累计不超 36 小时。

（26）关于值班

值班是由于公司某种需要，由劳动者在非工作时间内承担一定非生产性非本职工作。包括节假日值班和轮值两种形式，报酬标准法律上尚无明确规定，一般情况下由单位内部制定的规章制度予以规范。

（27）关于工资

用人单位按照法定和约定的标准，以货币形式向劳动者支付的劳动报酬。包含计时工资、计件工资、奖金、津贴、补贴、加班加点工资、特殊情况下支付的工资。不包括：社会保险福利待遇，独生子女补贴、养老金、丧葬补助；代偿性费用，差旅费、误餐补助、调动工作的旅费；未体现劳动对价性的其他收入。

（28）关于加班加点工资

前提：用人单位安排。

日标准工作时间之外加点（也就是每天的加班）：日工资的150%；

休息日又不能补休：日工资的200%；法定休假日，日工资的300%。

注意：两年内（劳动纠纷）以及超过两年的加班工资（民事纠纷）由劳动者提供证据。加班工资由以标准工资为基础，不包含加班工资。

（29）休假期间工资

法定休假：带薪。

年休假：带薪。

婚丧假：带薪。

三期（孕期、产期、哺乳期）：带薪。

事假：不发。

病假：病假工资。

履行国家或社会义务期间工资：单位照发，如选举、去作证等。

学习和培训期间工资：用人单位推荐或批准，照发。单位同意函授学习，照发。同意成人教育，照发。

（30）关于女职工的保护

三期指孕期、产期、哺乳期。

不被非法辞退方面：不得以性别、婚姻辞退；三期内，不得以非过失性、经济性辞退方式解除合同；三期内，合同到期，延续到哺乳期满；孕期不得以不能胜任工作解除。

禁止安排女职工从事有损生理机能的工作。

生理变化过程中的保护有以下几点。

经期：禁忌从事的劳动范围如高处、低温、冷水。

孕期：不得安排禁忌从事活动；劳动贡献下降，不能减薪；禁止夜间劳动和休息权享有 7 个月以上的保护。

产期：产假，98 天，难产加 15 天。

哺乳期：1 年，包括产假；每天两次哺乳，每次 30 分钟，路上时间算上班时间。